Rockys Vermächtnis

Der schmerzliche Verlust eines Seelenhundes

und der Weg von der Trauer zur Spiritualität

Von Angela Alves

Erste Ausgabe, 2024

Angela Alves

Verlag: Independently published Angela Alves

Angela Alves

Franz-Gruber-Str. 8

64823 Groß-Umstadt, DE

E-Mail Adresse: hypno.alves@gmail.com

„Change is scary,

but so is staying the same.“

(unbekannt)

Widmung

Dieses Buch widme ich meiner wundervollen Familie.

Euch danke ich von ganzem Herzen für eure bedingungslose Liebe, eure unermüdliche Unterstützung und dafür, dass ihr mich immer dazu ermutigt, meinen eigenen Weg zu gehen. Ihr habt mir gezeigt, was es heißt, Verantwortung zu übernehmen und stets mein Bestes zu geben.

In tiefer Dankbarkeit und Liebe,

Eure Angela

Haftungsausschluss

Die in diesem Buch enthaltenen Informationen und Ratschläge dienen ausschließlich allgemeinen Bildungs- und Informationszwecken. Der Autor übernimmt keine Verantwortung für Fehler oder Auslassungen und haftet nicht für Verluste oder Schäden, die direkt oder indirekt aus der Verwendung dieses Buches entstehen. Der Inhalt dieses Buches stellt keine professionelle Beratung dar und sollte nicht als solche behandelt werden.

Der Leser sollte stets professionelle Beratung und Unterstützung von geeigneten Experten einholen, insbesondere in rechtlichen, medizinischen, finanziellen oder anderen spezialisierten Angelegenheiten. Die in diesem Buch dargestellten Meinungen und Ansichten sind diejenigen des Autors und spiegeln nicht unbedingt die offizielle Politik oder Position anderer Organisationen oder Einzelpersonen wider.

Alle in diesem Buch beschriebenen Erfahrungen und Geschichten sind wahrheits-gemäß nach bestem Wissen und Gewissen des Autors wiedergegeben. Dennoch sind Ähnlichkeiten mit tatsächlichen Personen, lebend oder tot, oder tatsächlichen Ereignissen rein zufällig und nicht beabsichtigt. Durch das Lesen dieses Buches stimmt der Leser zu, dass der Autor nicht für etwaige Handlungen oder Entscheidungen haftet, die auf den hier enthaltenen Informationen basieren.

Es ist wichtig zu betonen, dass der Autor weder die beteiligten Ärzte noch das Medikament Novalgin beschuldigt. Der Autor ist sich bewusst, dass alle Medikamente Nebenwirkungen haben können und dass medizinische Entscheidungen oft komplex sind. Diese Erzählungen spiegeln die subjektive Sichtweise des Autors wider und sollten nicht als pauschale Kritik an medizinischen Fachkräften oder pharmazeutischen Produkten verstanden werden.

Dieser Haftungsausschluss dient dazu, jegliche rechtliche Haftung auszuschließen, die aus der Interpretation oder Anwendung der in diesem Buch geteilten Informationen entstehen könnte.

„Der Schmerz des Verlustes ist der Preis,

den wir für die Liebe zahlen,

aber die Erinnerung bleibt für immer."

(**George Eliot)**

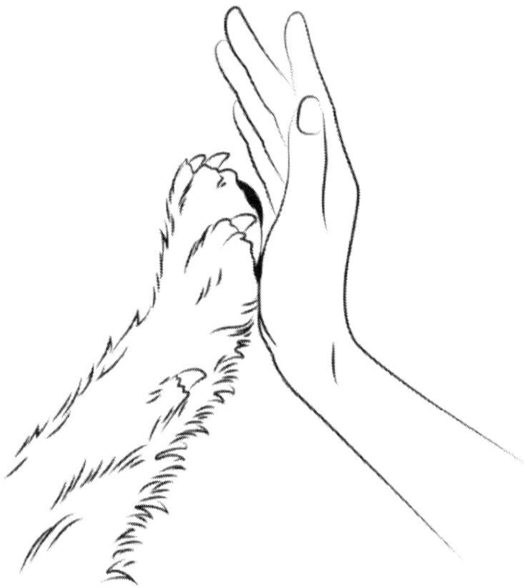

Inhaltsverzeichnis

Rockys Vermächtnis

Vorwort

Als Rocky, mein allererster Hund (den ich mir schon seit Kind auf gewünscht habe), unerwartet im Alter von nur vier Jahren starb, brach für mich eine Welt zusammen.

Sein Tod war nicht nur ein schmerzhafter Verlust, sondern auch der Beginn einer tiefgreifenden Transformation in meinem Leben. Die Ursache seines plötzlichen Ablebens – ein Organversagen vermutlich durch falsche Medikamente – war schwer zu akzeptieren. Doch dieser tragische Vorfall öffnete mir die Augen für eine tiefere, spirituelle Realität.

In den Tagen und Wochen nach Rockys Tod begann ich, Phänomene wahrzunehmen, die ich mir zuvor nicht hätte vorstellen können. Ich spürte die Präsenz verstorbener Seelen, entdeckte mediale Fähigkeiten in mir und fand Trost in der Kommunikation mit dem Jenseits. Diese neuen Erfahrungen halfen mir nicht nur, mein en Schmerz zu lindern, sondern auch, eine neue Perspektive auf Leben und Tod zu gewinnen.

Dieses Buch ist meine Geschichte – die Geschichte von Rocky und mir, von Verlust und Schmerz, aber auch von Hoffnung, Heilung und spirituellem Erwachen. Es ist mein Wunsch, dass meine Erlebnisse und Erkenntnisse anderen, die ähnliches durchgemacht haben, Trost und Unterstützung bieten können.

Ich lade dich ein, mit mir auf diese Reise zu gehen, eine Reise, die mit einem schmerzlichen Abschied begann, aber in der Entdeckung einer neuen, spirituellen Dimension mündete.

Möge dieses Buch dir helfen, deinen eigenen Weg durch die Trauer zu finden und vielleicht sogar neue, unerwartete Türen zu öffnen.

Mit tiefem Mitgefühl und Hoffnung,

Deine Angela

„Heal.

So you can hear what is being said

without the filter of your wounds.“

(unbekannt)

Kapitel 1

Vorstellung von Rocky

Seit ich denken kann, habe ich meine Eltern angefleht, mir einen eigenen Hund zu erlauben, aber leider blieb dieser Wunsch lange unerfüllt. Mit 30 Jahren war ich endlich in der Lage, mir diesen Traum selbst zu erfüllen. Ich erinnere mich noch gut an die unzähligen Nächte, die ich damit verbrachte, nach Labrador-Züchtern in Portugal zu suchen. Schließlich fand ich den wundervollen Züchter Terras de São Julião, der gerade einen Wurf brauner Labradorwelpen hatte. Die Wahl fiel auf einen braunen Welpen, weil seine Fellfarbe der meiner Haare glich.

Wir planten, unseren neuen Familienzuwachs während eines Urlaubs in Portugal abzuholen. Da wir häufig Zeit bei meiner Familie in Portugal verbrachten, schien es der perfekte Plan zu sein. Nach drei Wochen Urlaub machten wir uns schließlich mit unserem kleinen Welpen auf die lange Fahrt zurück nach Deutschland. Die ersten Tage und Wochen mit Rocky waren eine Mischung aus Freude und Besorgnis. Plötzlich war dieses kleine, tapsige und süße Wesen da, das vollkommen auf mich angewiesen war. Ich war fest entschlossen, ihm das beste Leben zu ermöglichen, fühlte mich aber auch leicht überfordert von der Verantwortung.

Ich entschied mich für den Namen Rocky. Inspiriert wurde ich von Rocky Balboa, dem berühmten Boxer aus dem gleichnamigen Film, weil ich einige Jahre zuvor beruflich in Philadelphia gelebt hatte.

Oft verbrachte ich dort meine Wochenenden alleine an den berühmten Stufen des Philadelphia Museum of Art, die durch die ikonische Filmszene bekannt geworden waren. Schon damals stellte ich mir vor, wie schön es wäre, dort mit einem Hund spazieren zu gehen. Der Name Rocky verkörperte für mich Kraft, Sicherheit und Freiheit – all das, was ich mir für meinen ersten eigenen Hund wünschte.

Rocky brachte eine unbeschreibliche Freude in mein Leben. Seine tapsigen Bewegungen, seine unendliche Neugier und seine bedingungslose Liebe bereicherten meinen Alltag. Er war nicht nur ein Haustier, sondern ein treuer Begleiter, ein Freund und eine Quelle der unermesslichen Freude. Rocky war mein Seelenhund. Unsere Verbindung war von Anfang an stark und tief, als ob unsere Seelen sich schon lange vor unserer Begegnung kannten und darauf gewartet hätten, wieder vereint zu sein.

Ich weiß noch, wie aufgeregt ich war, da ich unbedingt alles richtig machen wollte. Mein erster eigener Hund – ich wollte ihm so viel zeigen und beibringen und ihm ein wunderschönes Leben geben. Rückblickend muss ich jedoch sagen, dass ich diejenige war, die so viel von ihm gelernt hat. Rocky zeigte mir so viel und durch seine Augen durfte ich fortan die Welt sehen.

Was hat Rocky so einzigartig gemacht? Egal wo wir mit Rocky waren, er war ein absoluter Menschenmagnet und zog immer und überall die Aufmerksamkeit auf sich. Ob es an seinem Gang lag, der einer watschelnden Ente glich, seiner wunderschön tiefbraunen Fellfarbe, seinem treudoofen Blick, der immer so aussah, als sei er der traurigste Hund auf Erden, obwohl er das weltbeste Leben führte, oder seinem ständigen Ausschauhalten nach etwas Essbarem – ich weiß es bis heute nicht. Auf jeden Fall brachte er immer eine Ruhe und Gelassenheit mit sich, die anderen Menschen gut tat.

Rocky war mein treuer Begleiter, egal wohin ich ging. Sei es ins Restaurant, in den Urlaub am Strand zum Hähnchen- und Croquetas-Essen in Spanien, auf der Bootsfahrt, beim Paddelbootfahren, beim Handstandmachen, beim Joggen (was er hasste), oder beim Schwimmen im Meer – überall war er dabei und passte sich an. Auch ließ er jeden Blödsinn mit sich machen, von lustigen Klamotten anziehen über witzige Videos – einfach alles ließ er liebevoll über sich „ergehen." Solange es Leckerlis gab, war er glücklich. Unser Ritualsong *„Quem quer comer? É o Rooocky?"* (Übersetzt: *„Wer will was essen? Der Rooocky"*) war so in ihn übergegangen, dass er jedes Mal ein Fest feierte, wenn ich es ansummte, weil er wusste, dass es dann etwas zu essen gab – Labbi eben.

Er verstand sich mit jedem gut. Ich erinnere mich, als ich meinen Bruder bat, auf ihn aufzupassen, kurz nachdem wir ihn geholt hatten. Mein Bruder ging mit ihm spazieren und ließ ihn einfach frei, weil er dachte, Hunde bleiben automatisch bei einem. Er wurde eines Besseren belehrt, als der kleine Rocky schnurstracks davonlief, weil er dachte, es sei Zeit für ein Fangspiel. Mein Bruder rannte mehrere Minuten quer übers Feld, um ihn wieder einzufangen.

Es gibt so viele Momente, die ich hier aufzählen könnte, aber dann würde dieses Buch ein mehrteiliges Werk werden.

Rockys Anwesenheit brachte eine neue Dimension von Liebe und Erfüllung in mein Leben, die ich zuvor nicht gekannt hatte. Seine sanfte Art und sein liebevoller Blick schenkten mir in jeder Situation Trost und Sicherheit. Er wusste immer genau, wie es mir ging und war stets zur Stelle, um mich aufzumuntern oder einfach nur still bei mir zu sein. Die bedingungslose Liebe, die er mir entgegenbrachte, öffnete mein Herz auf eine Weise, die ich nie für möglich gehalten hätte.

Mit Rocky an meiner Seite erlebte ich eine tiefe, spirituelle Verbundenheit, die über das Physische hinausging. Es war, als ob er mein Seelengefährte war, der mir half, die Welt mit neuen Augen zu sehen und mein eigenes inneres Licht zu entdecken. Jede gemeinsame Erfahrung, jedes Abenteuer und jede ruhige Minute, die wir zusammen verbrachten, festigte unsere Bindung und bereicherte mein Leben auf eine Weise, die Worte kaum beschreiben können.

Rocky lehrte mich, was es bedeutet, bedingungslos zu lieben und geliebt zu werden. Er zeigte mir, wie wichtig es ist, im Moment zu leben und jeden Augenblick zu schätzen. Durch ihn erfuhr ich eine tiefe innere Erfüllung und ein Gefühl von Ganzheit, das ich zuvor nicht gekannt hatte. Rocky war mehr als nur ein Hund für mich; er war mein Seelengefährte, mein Lehrer und mein bester Freund.

Diese Verbindung und die gemeinsame Zeit, die wir hatten, sind das Herzstück dieses Buches. Rockys Leben und sein Einfluss auf mich sind untrennbar mit meiner Reise der spirituellen Entdeckung und Heilung verbunden. Ich hoffe, dass meine Geschichte anderen Menschen, die ähnliches durchgemacht haben, Trost und Inspiration bieten kann.

„Gib dem Menschen einen Hund

und seine Seele wird gesund.“

(Hildegard vom Bingen)

Der unerwartete Verlust

An die Nacht vom Nikolaustag auf den 7. Dezember 2022 erinnere ich mich noch so, als sei es gestern gewesen. Vielleicht auch, weil ich in dieser Nacht nicht einmal ansatzweise daran gedacht habe, dass es unsere letzte gemeinsame Nacht sein könnte.

Für mich war er einfach nur etwas geschwächt, weil er die letzten 48 Stunden nichts essen durfte. Ich dachte, er sei "nur" etwas krank und würde sich bald wieder erholen. Auch wenn meine Mama danach sagte: "Als ihr zum Arzt gefahren seid, habe ich gedacht, hoffentlich sehe ich Rocky nochmal wieder", ahnte ich nichts davon. Leider sollte sie recht behalten. Doch ich war blind dafür und kann mich an diesen Tag nur wie an einen schlechten Film erinnern. Er lief einfach so an mir vorbei.

Aber lassen wir uns von Anfang an beginnen, wie es überhaupt dazu kam:

Am 3. Dezember sind meine Familie und ich in die Schweiz gereist, um meinen Cousin zu besuchen. Während dieser Zeit blieben unsere beiden Hunde, Rocky und Sammy, zu Hause, und mein Papa kümmerte sich um sie. Als wir nach Hause kamen, fanden wir in der Küche eine unangenehme Überraschung: blutigen Stuhlgang. Damals dachte ich noch, es sei von Sammy, da Rocky noch nie zuvor in die Wohnung gemacht hatte. Wir haben es an diesem Tag nicht als sonderlich schlimm erachtet, da sowas immer mal vor kommen kann, wenn Hunde etwas Falsches gegessen haben und beide ansonsten fit wirkten.

Am 5. Dezember gingen wir dann mit Rocky und Sammy zum Tierarzt. Sammy ging es schon langsam besser, er hatte nur noch etwas Blut im Stuhlgang. Da ich einen Zoomcall auf der Arbeit hatte, gingen meine Mama und mein Freund mit beiden Hunden zum Tierarzt. Wir gingen davon aus, dass Rocky etwas Falsches gegessen hatte da er gebrochen hatte, und da Sammy auch betroffen war, dachten wir, beide hätten das gleiche Problem. Rocky bekam etwas gegen Erbrechen und Durchfall, Sammy nur etwas gegen den Durchfall.

Als sie vom Tierarzt zurückkamen und ich Rocky sah, sagte ich sofort: „Was haben die mit Rocky gemacht?“ Er war komplett aufgequollen und apathisch, rieb sich andauernd die Augen mit seinen Pfoten und konnte kaum noch richtig sehen.

Meiner Mama und meinem Freund war das zunächst gar nicht aufgefallen, da Rocky auf der Rückfahrt mit Sammy im Kofferraum war. Ich rief sofort beim Tierarzt an: „Ich glaube, Rocky hat eine allergische Reaktion, er ist total aufgequollen.“ Noch heute habe ich die Antwort der Arzthelferin im Ohr: „Oh, dann hat er wohl das Novalgin nicht vertragen. Kommen Sie direkt wieder, wir spritzen ihm ein Gegenmittel.“ Das war das erste und letzte Mal, dass ich das Wort Novalgin hörte. Später sollte es noch eine tragische Bedeutung bekommen.

*Novalgin, auch bekannt als Metamizol, ist ein starkes Schmerzmittel, das häufig in der Tiermedizin verwendet wird. Es hat jedoch potenziell gefährliche Nebenwirkungen und es gibt Berichte über Fälle, in denen Novalgin bei Tieren zu Organversagen geführt hat. Besonders empfindlich reagieren Hunde auf dieses Medikament, und allergische Reaktionen können schwerwiegende Folgen haben.

Es ist wichtig, dass Tierärzte und Besitzer die Risiken abwägen und alternative Schmerzmittel in Betracht ziehen. Die genaue Ursache für die toxische Wirkung von Novalgin ist noch nicht vollständig geklärt, aber Vorsicht ist geboten.*

Zu diesem Zeitpunkt dachte ich, Rocky habe nur etwas gegen Übelkeit bekommen. Novalgin ist jedoch ein Schmerzmittel, das ihm wahrscheinlich versehentlich gespritzt wurde, wie sich später herausstellte. Da ich wieder Zoomcalls hatte, fuhr mein Freund mit Rocky zum Arzt, um die Gegenspritze zu bekommen. Und dann nahm das Unheil seinen Lauf und alles endete sehr schnell auf tragische Weise.

In der Nacht vom 5. auf den 6. Dezember ließen wir beide Hunde im Wohnzimmer schlafen – bis heute weiß ich nicht, warum, da sie sonst immer bei uns im Schlafzimmer schlafen durften. Bis heute mache ich mir Vorwürfe, weshalb ich sie nicht auch in dieser Nacht bei uns schlafen ließ. Ich dachte, sie müssten mal lernen, alleine zu schlafen, und schloss die Wohnzimmertür. Die Nacht war ruhig, bis ich am nächsten Morgen das böse Erwachen hatte.

Ich öffnete die Wohnzimmertür und wurde von einem üblen Gestank und einem Schlachtfeld aus Erbrochenem und Durchfall überwältigt. Zu diesem Zeitpunkt dachte ich immer noch, es handle sich um unseren Zweithund Sammy, bis ich das Chaos beseitigt hatte und noch lachte, als ich meiner Mama sagte: „Schau mal, was für eine Nikolausüberraschung.“ Meine Mama nahm währenddessen die Hunde mit nach oben und stellte fest, dass es Rocky war, der erbrochen hatte, und nicht Sammy. Auch war das Erbrochene mittlerweile Stuhlgang.

Wir riefen erneut beim Tierarzt an und fuhren mit Rocky schnurstracks mit Verdacht auf Darmverschluss hin. Der Tierarzt behielt Rocky nun dort und wollte ihn röntgen lassen. Auch bemerkte der Arzt, dass Rockys Nierenwerte schlecht waren. Wir sollten ihn gegen 19:30 Uhr abholen. Zu diesem Zeitpunkt war jedoch eine andere Ärztin da, die relativ wenig über den Fall Rocky wusste. Sie übergab ihn uns, während er noch immer apathisch im Behandlungszimmer stand und einfach im Stehen pinkelte, ohne sein Bein anzuheben – etwas, das ich bei ihm sehr ungewöhnlich fand. Die Ärztin meinte, das sei normal wegen der Infusionen und dass sie nichts festgestellt hätten. Sie sagte, ich solle einfach morgen um 9:30 Uhr nochmal wiederkommen.

Keine Rede von einem Notfall oder davon, dass es in der Nacht kritisch um Rocky stehen könnte. Also fuhren wir nichtsahnend mit ihm nach Hause und dachten, er sei einfach nur geschwächt, weil er nichts essen konnte und bis morgen weiterhin nichts essen sollte. Die Arzthelferin meinte noch, es ginge ihm besser, und sie waren mit ihm sogar eine Runde spazieren gegangen. Die Ärztin erwähnte, dass ein Darmverschluss noch nicht auszuschließen sei und wir ihn am nächsten Tag nüchtern bringen sollten.

Mit keiner Silbe wurde erwähnt, wie schlecht es um ihn stand. Nichtsahnend fuhren wir mit ihm nach Hause und dachten, er sei einfach nur schlapp und erschöpft – und so verbrachten wir unsere allerletzte Nacht, die sich in mein Gedächtnis eingebrannt hat, als sei es gestern gewesen.

Die letzte Nacht mit Rocky

Ich entschied mich, die Nacht mit Rocky im Wohnzimmer zu verbringen, damit ich schnell mit ihm rausgehen konnte, wenn er musste, und damit er mehr Ruhe hatte. Mein Freund und unser anderer Hund, Sammy, blieben im Schlafzimmer. Ich legte Rocky, mit seiner verbundenen Pfote, auf der er die Infusionen bekam, zusammen mit einer Decke und einem kleinen Kuscheltier in sein Bett, gegenüber von meinem Sofa. Er war sehr erschöpft und fand kaum Ruhe, also zündete ich ein Räucherstäbchen an und ließ meditative Musik über Spotify laufen, in der Hoffnung, dass er so etwas entspannen konnte.

Ich wählte zufällig eine Playlist namens "Ruhige Meditation" und ließ sie die ganze Nacht laufen, bis ich sie irgendwann stoppte, als er endlich eingeschlafen war. (Später wird das noch eine Rolle spielen, daher erwähne ich es hier).

In der Nacht ging ich öfter mit ihm raus, damit er Pipi machen konnte. Er war sehr kraftlos, und ich wischte ihm jedes Mal die Pfoten mit einem kleinen Handtuch ab, küsste ihn auf die Stirn und flüsterte ihm zu, dass seine Schwellung am Kopf schon zurückgegangen sei und er bald wieder leckeres Hühnchen von mir bekommen würde. Im Nachhinein hätte mir schon auffallen müssen, wie apathisch er war und kaum noch auf mich und meine Worte reagierte.

Einmal in der Nacht ging er ganz langsam zum Wassernapf und legte seinen Kopf darauf, weil er zu schwach zum Trinken war. Ich musste seine Ohren aus dem Wasser nehmen und seinen Kopf auf ein Kissen legen.

Am nächsten Morgen sollten wir um 9 Uhr nochmal zum Tierarzt. Bevor wir losfuhren, erinnere ich mich, dass Rocky sich ein letztes Mal ins Schlafzimmer geschleppt und sich auf seine Decke unter dem Fenster gelegt hat. Für einen kurzen Moment lag er da ganz friedlich, als wäre nichts. Als ich ihn zum Arzt bringen wollte, traf ich meine Mama nochmal im Garten, als wir Pipi machten. Rocky wollte nicht mehr mit und legte sich einfach in den Garten. Wir konnten ihn nicht mehr dazu bringen, mitzukommen. Er wollte einfach im Garten liegen bleiben. Da wir aber zum Arzt mussten, half mir mein Freund, ihn in den Kofferraum zu tragen.

Ich realisierte den Ernst der Lage immer noch nicht und dachte, er sei einfach nur etwas schlapp. Meine Mutter hingegen sagte meinem Vater bereits: "Ich glaube, ich habe ihn das letzte Mal lebendig gesehen." Mein Vater konnte das nicht glauben und sagte nur: "Sag sowas nicht."

Nichtsahnend machte ich mich also in meiner gammligsten Jogginghose, einem braunen Wollpulli und meiner beigen Winterjacke auf den Weg, 30 Minuten mit dem Auto zum Tierarzt. Ich dachte, ich fahre nur zur Kontrolle. Ich parkte das Auto und ging hinein, um zu fragen, ob mir jemand helfen könnte, Rocky aus dem Auto zu tragen, da er "so erschöpft" war. Der Arzt kam zur Hilfe, und wir trugen ihn in den Behandlungsraum. Sie wollten ihn nochmal röntgen und untersuchen, warum seine Nierenwerte so schlecht waren. Ich könne nach Hause fahren, und sie würden mich anrufen, wenn er abgeholt werden kann.

Ich ging zurück zum Auto und überlegte, nach Hause zu fahren, da ich noch Zoomcalls hatte. Doch dann fragte ich mich, ob es sich lohnen würde, 30 Minuten nach Hause zu fahren und dann wieder zurückzukommen. Also ging ich wieder hinein und fragte den Arzt, wie lange es ungefähr dauern würde, damit ich wusste, ob es vielleicht mehr Sinn machen würde, einfach hier zu warten. Und dann kam der Schlag direkt mitten ins Gesicht. Seine Worte: "Naja, Sie wissen schon, wie schlecht es um Ihren Hund steht?!" Ich verstand gar nichts und fragte: "Wie meinen Sie das?" "Naja, seine Nierenwerte sind sehr schlecht, ich weiß nicht, ob er es bis 12 Uhr noch schafft." Ich verstand wieder nichts: "Was meinen Sie, er schafft es nicht?" Und da dämmerte mir langsam der Ernst der Lage. Mit keinem einzigen Wort zuvor hatte irgendeiner der Ärzte den Ernst der Lage auch nur ansatzweise geschildert.

Ich flehte den Arzt an, er solle meinen Rocky wieder gesund machen, er solle sowas nicht sagen, er solle ihm bitte helfen. Selbst beim Schreiben kommen mir jetzt wieder die Tränen. Er versuchte, mich zu beruhigen, und meinte, sie würden sich um ihn kümmern und mich benachrichtigen, sobald sie mehr wissen. Ich fragte, ob ich nochmal zu ihm könnte, und der Arzt meinte, er sei gerade in Behandlung und ich könne nicht zu ihm. Sie würden ihn nochmal röntgen, aber er würde mir gleich Bescheid geben.

Die nächsten Minuten spielten sich in Zeitlupe ab. Ich wusste gar nicht, wie mir geschah. Tränen hatte ich keine in den Augen, ich fühlte mich einfach leer. Eigentlich fühlte ich in diesem Moment gar nichts. Ich ging ins Auto und versuchte, meine gesamte Familie telefonisch zu erreichen. Aber niemand ging ran.

Die letzten zwei Stunden mit Rocky

Und da begann der Wettlauf gegen die Zeit für uns. Die letzten zwei Stunden mit Rocky brachen an, für mich wie in einem schlechten Film. Endlich ging jemand ans Telefon: Vika, die Freundin meines Bruders. Meine ersten Worte: "Vika, sie haben gesagt, sie wissen nicht, ob Rocky es noch bis 12 Uhr schafft. Was meinen die? Das kann doch nicht sein, was soll ich machen?"

Auch Vika war überfordert und wusste nicht, was gerade passierte. Sie versuchte, mich zu beruhigen. Danach habe ich einen Filmriss. Ich kann mich nur noch vage erinnern, wie der Arzt mich wieder reinrief und meinte, sie wüssten nicht, was Rocky hat, aber es sehe schlecht um ihn aus. Ich könne, wenn ich wollte, ganz in Ruhe zur Tierklinik, die 30-40 min entfernt sei, fahren, vielleicht könnten diese hier weiterhelfen.

Im Nachhinein habe ich herausgefunden, dass es in der gleichen Stadt auch eine Tierklinik gab, zu der sie mich nicht geschickt hatten. Vermutlich wusste der Arzt, dass Rocky bis zur Ankunft in der anderen Klinik vermutlich schon verstorben sein würde und man ihm so nicht nachweisen könnte, dass es möglicherweise wegen des Novalgins im Blut zu einem Organversagen kam. Das Wort "Novalgin" erwähnte er nie wieder und meinte nur, er könne sich die schlechten Nierenwerte nicht erklären.

Auf jeden Fall begann nun meine absolute Horrorfahrt zur Klinik, die, soweit ich mich erinnere, etwa 45 Minuten entfernt war. Der Arzt legte Rocky mit mir in den Kofferraum, eingewickelt in ein Tuch, kaum noch lebend. Damals realisierte ich das nicht. Mein Freund kam inzwischen auch zum Arzt gefahren und wir machten uns gemeinsam auf den Weg zur anderen Klinik. Ich wollte fahren und bat meinen Freund, sich auf die Rückbank zu setzen, damit er mit einer Hand bei Rocky sein konnte, um zu schauen, dass er noch atmet.

Die Worte des Arztes im Ohr: "Machen Sie ganz langsam, keine Eile. Fahren Sie ganz ruhig in die Klinik, vielleicht können sie dort mehr weiterhelfen." Während der Fahrt wurde ich immer aufgebrachter und fuhr in höchstem Tempo, als würde ich ein Autorennen fahren. Wäre mir doch nur bewusst gewesen, dass ich einen fast toten Rocky bereits im Kofferraum hatte.

Die Zeit schien sich zu dehnen und zu ziehen, jede Minute fühlte sich wie eine Ewigkeit an. Ich war hin- und hergerissen zwischen der Hoffnung, dass die Klinik in Gießen doch noch etwas für Rocky tun könnte, und der wachsenden Panik, dass es vielleicht schon zu spät war. Jeder Atemzug von Rocky, den mein Freund mir durch leises Flüstern bestätigte, war ein kleiner Funken Hoffnung, der mich weiterfahren ließ.

Als wir endlich die Klinik erreichten, rannte ich zum Kofferraum und werde diesen Anblick nie mehr vergessen. Rocky lag regungslos da, atmete noch, war aber blutüberströmt und „ausgelaufen“. Mein Freund und ich packten den blutüberlaufenen Rocky in das Tuch und rannten in die Klinik. Die Leute gingen uns aus dem Weg, und ein paar Ärzte kamen bereits mit einem Rolltisch, auf den sie versuchten, ihn zu legen. Doch Rocky wog fast 40 kg, und ich sah nur, wie der Arzt es nicht schaffte, ihn auf den Tisch zu legen und Rocky herunterfiel. Ich konnte gerade noch seinen Kopf auffangen und hob ihn gemeinsam mit den anderen Ärzten auf den Rolltisch.

Ich flehte die Ärzte an, Rocky zu retten. Die nächsten Minuten fühlten sich an wie Stunden. Ich wartete draußen mit meinem Freund, unfähig zu weinen, unfähig zu denken, einfach nur leer und betäubt. Schließlich kam eine Ärztin heraus, ihr Gesichtsausdruck sagte alles, was ich nicht hören wollte. Sie fragte mich, ob ich damit einverstanden sei, dass sie versuchen, ihn wiederzubeleben, was 800 Euro kosten würde. Ich nickte nur und sagte: „Machen Sie bitte ALLES, damit sie ihn mir wiederbringen." Währenddessen griff sie zu ihrem Telefon und meinte: „Sie sind gerade schon dabei, ihn wiederzubeleben." Und kurz darauf: "Es tut uns leid!", und die Welt um mich herum brach zusammen.

Rocky war nicht mehr bei uns. Die letzten zwei Stunden, die wir gemeinsam verbracht hatten, waren nun unsere letzten Erinnerungen. Erinnerungen an meinen geliebten Seelenhund, der mich durch so viele schöne Momente begleitet hatte, aber dessen Verlust nun ein unermessliches Loch in mein Leben riss.

„Trauer ist ein heilsamer Prozess,

der uns durch Schmerz und Verlust führt,

um uns wieder ins Licht der Hoffnung zu bringen."

(**Eleanor Roosevelt**)

Kapitel 2

Der Schock und die Trauer

Marco, mein Bruder, kam direkt in die Klinik gefahren, in der Hoffnung, Rocky noch lebendig zu sehen. Doch als er ankam, erkannte er schon an meinem Blick, was passiert war.

Ich war so froh, meinen Bruder zu sehen. Er war der erste aus meiner Familie, der Rocky in Portugal kennenlernte, als wir ihn gerade geholt hatten. Damals flog er von Deutschland nach Porto, und wir holten ihn gemeinsam mit Rocky am Flughafen ab. Ich erinnere mich noch, wie Marco anfangs etwas ängstlich vor Rocky war, da die beiden sich erst kennenlernen mussten (er streitet es bis heute ab und behauptet, er habe keine Angst gehabt). Und nun war auch mein Bruder es, der ihn von meiner Familie in den Himmel schicken durfte.

Bevor Marco in der Klinik eintraf, war ich wie benommen. Ich konnte nicht weinen, habe nichts verstanden und nichts gefühlt. Die Ärztin meinte, wir könnten uns nochmal von Rocky verabschieden, und sie habe noch ein paar Fragen. In meinem Kopf ging die ganze Zeit nur die Frage um: „Wie verabschieden?"

Ich konnte es einfach nicht glauben, was gerade passiert war. Sie bat uns ins Behandlungszimmer, wo Rocky auf dem Rolltisch lag, zugedeckt mit einem weißen Tuch. Ich starrte ihn einfach nur an, aber sah Rocky nicht mehr. Für mich fühlte es sich an, als läge da ein Stück Fleisch. Das war nicht mehr Rocky.

Sein Körper lag da, sein Gesicht sah anders aus. Seine Ohren waren noch warm und flauschig wie sonst, aber sein Körper war kalt. Ein Gefühl, das in mir Wut auslöste – Wut auf mich selbst, dass ich den Ernst der Lage nicht erkannt hatte, Wut, dass ich mein Baby nicht schützen konnte, Wut, dass ich als Hundemama versagt hatte. Wut, dass er weg war. Wut auf die Ärzte. Meine Seele war leer. Ich spürte nichts, keine Trauer, keine Tränen, einfach nichts. Ein Gefühl, das sich wie im Koma beschreiben lässt. Ich weiß noch, wie ich meinen Freund bat, Rockys Pfote mit mir zu halten. Davon habe ich sogar ein Foto gemacht, weil ich mich daran festklammerte, dass es das letzte war, was mir von ihm blieb.

An die Fragen der Ärztin erinnere ich mich nur vage. Ob ich irgendwelche Medikamente offen herumliegen hatte, die er gefressen haben könnte, was ich verneinte. Ich hoffte nur, dass sie bald fertig war und mein Bruder käme.

Dann kam Marco durch die Tür. Der Schock stand ihm ins Gesicht geschrieben, und er schaute uns nur fassungslos an. Ich glaube, wir haben nichts gesprochen, da kein Wort passend gewesen wäre. Wir standen einfach regungslos da. Auch Marco und mein Freund verabschiedeten sich von Rocky. Ich war so überfordert, dass ich nicht wusste, was ich antworten sollte, als sie mich fragten, ob wir Rocky mit nach Hause nehmen wollten. Zum Glück sprang mein Bruder ein und meinte: „Natürlich nehmen wir ihn mit." Wofür ich ihm heute noch unendlich dankbar bin. Denn so konnten sich auch Sammy und meine ganze Familie zu Hause noch von ihm verabschieden.

Wie Rocky in den Kofferraum kam, weiß ich nicht mehr. Ich habe auch hier einen Filmriss. Wahrscheinlich haben mein Bruder und mein Freund ihn in die weiße Decke gewickelt und in den Kofferraum gelegt. Ich wollte zurückfahren.

Wie in Trance machte ich mich auf die zweitschlimmste Fahrt meines Lebens, mit meinem toten Baby im Kofferraum.

Ich erinnere mich noch, wie ich beim Verlassen der Klinik den blutüberströmten Boden sah, dort, wo Rocky heruntergefallen war. Mein Ärmel an der Jacke war auch voller Blut. In diesem Moment wollte ich am liebsten das gesamte Blut vom Boden aufsammeln, da ich das Gefühl hatte, es gehörte zu mir, es gehörte zu meinem Baby. Das wollte ich mitnehmen. Beim Schreiben merke ich, wie absurd das war. Aber auch meine Jacke konnte ich wochenlang nicht waschen, da das Blut das Letzte war, was mir von ihm blieb.

Die Autofahrt war einfach ellenlang, still. Mein Freund saß auf dem Beifahrersitz, Rocky im Kofferraum. Ich blickte so oft in den Rückspiegel, in der Hoffnung, dass er wie sonst auch seinen „riiiiesigen Schädel" (wie mein Bruder immer liebevoll zu ihm sagte) ein letztes Mal auf die Kopfablage legte. Ich flehte ihn in Gedanken an, zurückzukommen. Ihm ging es doch schon besser. Ich wollte ihm doch Hähnchen machen. Und doch blieb der Rückspiegel leer, so wie meine Seele.

Zu Hause wieder angekommen

Mein Bruder informierte unsere Familie bevor wir losfuhren nach Hause:

„Wir fahren jetzt nach Hause mit Rocky, er hat es leider nicht geschafft. Es kann nicht sein..."

Am Tag darauf schrieb ich meinem Bruder: „Wirklich dieser Schmerz ist nicht in Worte zu fassen. Rocky war mein erstes Baby auch wenn er ein Hund war, ich hab schon gebetet und gesagt ich würde wirklich lieber einen Arm oder ein Bein verlieren als Rocky jetzt schon nicht mehr zu haben und das meine ich ernst. Wir hatten noch so viel vor mit ihm. Ich wollte immer für ihn da sein und auf ihn aufpassen und jetzt sowas. Das ist so unfair.

Du warst er erste der ihn von der Familie im Leben begrüßt hat und auch der der am Ende dabei war seine Seele in den Himmel zu verabschieden. Danke dass du gestern gekommen bist. Ohne dich an meiner Seite hätte ich es nicht geschafft."

Zu Hause angekommen, wartete meine Familie schon draußen. Gesprochen haben wir nicht viel, denn alle standen unter Schock, fassungslos darüber, was in den letzten Stunden passiert war. Keiner fand die richtigen Worte, Tränen flossen, aber mein Freund und ich fühlten uns einfach nur leer.

Die einzigen Worte, an die ich mich erinnere, weil ich sie aus tiefster Seele meiner Mama sagte, waren: „Mama, ich würde lieber einen Arm oder ein Bein von mir geben, als Rocky gehen zu lassen, und das ist mein Ernst!“ Meine Mama fühlte meinen Schmerz und versuchte mir Trost zu spenden, doch in diesem Moment half nichts und niemand. Man hatte mir mein Baby genommen, mein Rocky war einfach weg, so von jetzt auf gleich. Es fühlte sich an, als würde einem der Boden unter den Füßen weggerissen.

Meine absurden Gedanken kamen hoch: „Jetzt habe ich auch noch so gammelige Klamotten an bei Rockys Abschied,“ dachte ich, weil ich in meiner alten Jogginghose und meiner beigen Winterjacke beim Arzt war. (Als ob das irgendeine Rolle gespielt hätte.) Diese Klamotten liegen heute noch mit dem beigen Hundekuscheltier von Ikea, das Rocky liebte, in einem Vakuumbeutel. Ich habe sie weder gewaschen noch jemals herausgeholt. Sie liegen wie im Winterschlaf in diesem Beutel.

Die Leere, die einem in solchen Momenten überkommt, ist überwältigend. Es ist, als ob die Welt um einen herum stillsteht, jeder Gedanke und jedes Gefühl in einem Vakuum gefangen. Alles, was man tun kann, ist sich der Realität zu stellen, aber selbst das scheint unmöglich. Man spürt die Abwesenheit des geliebten Wesens in jeder Faser seines Seins.

Die vertrauten Geräusche des Hauses, die sonst Trost spenden, wirken plötzlich fremd und unerträglich laut. Jede Ecke des Zuhauses erinnert an die verlorene Seele, und doch fühlt es sich gleichzeitig so leer an. Man funktioniert nur noch mechanisch, erledigt die notwendigen Aufgaben wie in Trance, ohne wirklich anwesend zu sein. Die Trauer und der Schmerz werden zu ständigen Begleitern, die einen in jeder Sekunde daran erinnern, was man verloren hat. Es ist ein Zustand der Betäubung, in dem die Welt ihren Sinn und ihre Farbe verliert.

So sehr mir dieser Tag auch den Boden unter den Füßen wegriss, wurde mir noch viel mehr bewusst, was für ein besonderer, toller Hund Rocky war. Es kamen so viele Freunde und Familienmitglieder vorbei, und wir sprachen viel über Rocky, wischten die Tränen weg und lachten sogar das ein oder andere Mal, wenn uns eine witzige Erinnerung an ihn einfiel.

Ich sagte noch zu meiner Mama: „Schau mal, wie viele Leute heute wegen Rocky hier waren. Manch eine Beerdigung eines Menschen hat nicht so viele Besucher." Es gab mir ein gutes Gefühl, zu wissen, dass Rocky eine sehr große und bedeutende Rolle im Leben vieler Menschen gespielt hatte. Er war nicht einfach nur ein Hund; Rocky war mehr Mensch als Hund. Wenn man in seine Augen schaute (er hatte übrigens zwei unterschiedliche Augenfarben – ein hellbraunes und ein dunkelbraunes Auge), schaute man tief in eine sehr vertraute Seele.

Ich bin sehr dankbar für jeden Einzelnen, der vorbeikam, jedes Wort des Trostes. Meine Nachbarin Nicole brachte mir in den Tagen danach sogar eine wunderschöne Fotocollage aus Bildern mit Rocky vorbei, die ich gerade betrachte, während ich diese Zeilen schreibe. So viel Liebe, so viel Kraft und so viele Menschen, die hinter mir standen und mir die Trauer etwas erleichterten.

Doch es gab keine Worte, die den Schmerz aufwiegen konnten. Es fühlte sich wahrhaftig an, als würde mein Herz aus meiner Brust gerissen. Ich habe schon viel Herzschmerz erlebt, aber nichts, das auch nur ansatzweise so schmerzhaft war wie dieser Verlust. Ich habe auch schon geliebte Menschen zu Grabe getragen, was ebenfalls sehr weh tat, aber nichts war so schmerzhaft wie der Verlust meines eigenen Babys. Denn für mich war Rocky nicht nur mein Hund, er war mein Seelenverwandter. Mit ihm ging ein Teil meiner Seele zu Grabe. Dieses Loch fühlte sich tief an und war kaum zu ertragen.

Doch auch hier durfte ich auf wunderbare Weise lernen, dass das Loch gefüllt und geflickt werden kann – mit Zeit und mit einem offenen Herzen, das erkennt, dass unsere Seelen durch den Tod nicht geschieden wurden, sondern immer noch verbunden sind. Dadurch entstand mein Weg zur Spiritualität, der mir half, den Schmerz zu verarbeiten und Trost und Heilung zu finden.

Der Umgang mit der Trauer

Der Verlust eines geliebten Wesens, sei es ein Mensch oder ein Tier, hinterlässt oft eine schmerzhafte Lücke in unserem Leben. Als Rocky starb, fühlte ich mich, als hätte man mir den Boden unter den Füßen weggerissen. Es war, als ob ein wahrhaft großes Stück meines Herzens fehlte, und der körperliche Schmerz, den ich tief in meiner Brust spürte, machte das Ausmaß dieses Verlustes noch greifbarer. Ich erinnere mich daran, wie ich meiner Mama sagte: „Jetzt verstehe ich, wieso so viele sagen, dass es sich wirklich wie körperlicher Schmerz anfühlt." Denn der Schmerz war nicht nur emotional, sondern auch physisch spürbar.

Dieser physische Schmerz, den viele bei der Trauer erleben, hat verschiedene Ursachen. Der enge Zusammenhang zwischen unserem emotionalen und körperlichen Zustand kann dazu führen, dass tiefe seelische Verletzungen sich auch auf unseren Körper auswirken. Der Schmerz manifestiert sich als eine Art körperliche Reaktion auf den immensen emotionalen Stress und den Verlust, den wir durchmachen. Das Gefühl, das Herz werde buchstäblich schwerer oder der Druck in der Brust, sind körperliche Reaktionen auf die intensive Trauer.

Der Körper durchlebt einen Zustand des Schocks und der Verzweiflung, der sich in verschiedenen Formen äußern kann: Appetitlosigkeit, Schlafstörungen oder eben dieser überwältigende, physische Schmerz. Es ist, als ob unser Körper mit unserer Seele um den Verlust trauert, und der Schmerz, den wir spüren, ist ein

Zeugnis der tiefen Verbindung, die wir zu dem Verstorbenen hatten.

Doch im Angesicht dieses tiefen Schmerzes musste ich einen Weg finden, um die Trauer zu verarbeiten und meinen Alltag weiterzuführen. In diesem Kapitel möchte ich meine persönlichen Erfahrungen und die Methoden teilen, die mir geholfen haben, den Verlust von Rocky zu bewältigen. Es ist eine Geschichte von Tränen und Trost, von Schmerz und Heilung, und letztlich von der Hoffnung, die selbst in den dunkelsten Momenten aufscheinen kann.

Zurück an die Zeit vor Rockys Tod: Im November, gut einen Monat bevor Rocky starb, wurden die Grenzen zu Brasilien wieder für die Einreise geöffnet. Ich wollte schon so lange wieder nach Brasilien reisen, da ich zuvor 2015 für ein halbes Jahr in São Paulo gearbeitet hatte und dort den brasilianischen Lebensstil lieben gelernt hatte. Seitdem war meine Sehnsucht nach Brasilien unermesslich groß: das leckere Essen, die wundervollen Menschen, die dich mit offenen Herzen empfangen, das Copacabana-Leben mit einer Kokosnuss in der Hand und Samba-Musik im Ohr – all das fehlte mir in den letzten sechs Jahren extrem. Also buchte ich gemeinsam mit meinem Freund relativ spontan den Flug nach Brasilien im November.

Rückblickend war Brasilien auch der erste Ort und Zeitpunkt, an dem ich mit dem Thema Spiritualität in Berührung kam. Dafür muss ich noch weiter zurückgehen, ins Jahr 2016. Mein Arbeitskollege Hassan im brasilianischen Büro sagte mir damals, dass er nicht so früh ins Büro komme, sondern erst, wenn andere Kollegen auch da seien, weil er früher die Erfahrung gemacht habe, verstorbene Seelen dort wahrzunehmen. Damals konnte ich mit dieser Aussage relativ wenig anfangen und stempelte ihn als etwas hokuspokusmäßig ab. Er fragte mich auch, ob ich schon mal etwas von Chakren gehört habe, was ich verneinte.

Dann erklärte er mir, dass es sich um Energiefelder in unserem Körper handle und wir sieben Stück davon hätten. Mehr verstand ich zu diesem Zeitpunkt nicht darüber.

Meine beste Freundin Nathia fragte mich damals, ob ich Lust hätte, mit ihr zu einer Art Gottesdienst ihrer Mutter zu gehen. Das sei eine spirituelle Kirche und bestimmt interessant. Ich, nichtsahnend und offen für neue Kulturen und Erfahrungen, freute mich und sagte zu. Rückblickend war das eine der lebensverändernden Erfahrungen für mich und ein kleiner Türöffner in die Spiritualität. Ich war damals noch sehr skeptisch und dachte, naja, ich schaue es mir einfach mal an, aber bestimmt ist das nur Show.

Angekommen in der "Kirche" (es war keine traditionelle Kirche, sondern ein Treffen der Spirituellen), sah es für mich zunächst wie jeder andere katholische Gottesdienst aus, den ich aus Deutschland kannte. Die Leute waren sehr nett, offen, bunt gekleidet und der Raum war schön dekoriert. Das heutige Thema war Bahia, eine Region in Brasilien, die für ihre starke spirituelle Tradition bekannt ist.

Ich setzte mich neben Nathia und beobachtete gespannt, was vor sich ging.

Bahia ist ein Bundesstaat im Nordosten Brasiliens und hat eine bedeutende historische und kulturelle Rolle im Land. Salvador, die Hauptstadt von Bahia, war die erste Hauptstadt Brasiliens und ein wichtiges Zentrum während der Kolonialzeit.

Bahia ist bekannt für seine synkretistischen religiösen Traditionen, die afrikanische, indigene und katholische Elemente miteinander verbinden. Diese spirituelle Richtung ist tief in der Kultur Bahias verwurzelt und umfasst Rituale, Musik und Tänze, die eine tiefe Verbindung zu den Ahnen und spirituellen Wesen ausdrücken.

Die religiösen Praktiken in Bahia sind ein eindrucksvolles Beispiel für Synkretismus, bei dem afrikanische Religionen mit dem Katholizismus verschmolzen sind. Candomblé, eine afro-brasilianische Religion, ist in Bahia besonders stark verwurzelt. Sie verehrt Orishas (Götter) und verbindet diese mit katholischen Heiligen, was den einzigartigen religiösen Charakter der Region ausmacht.

Der Priester (ich nenne ihn hier so, obwohl er kein Priester im herkömmlichen Sinne war) sprach zunächst ganz normal. Mit Hilfe von Musik und Tanz rief er die Ahnen von Bahia in sich, und plötzlich sprach er im Dialekt der Bahianer. Sein Körper bewegte sich anders, seine Energie veränderte sich spürbar.

Ich war mit der Einstellung dort hingekommen, dass das alles bestimmt nur Show sei. Doch als ich mitten unter diesen Menschen saß, war ich verblüfft, denn es wirkte alles andere als gespielt. Es lässt sich kaum in Worte fassen oder erklären, aber irgendetwas zeigte mir, dass es tatsächlich etwas zwischen Leben und Tod gibt. Seelen, die unter uns waren, wurden hier in einen Körper gerufen. Beim Schreiben dieser Zeilen wird mir bewusst, dass sich vielleicht viele fragen werden: "In was für einem Buch bin ich hier gelandet?!“

Aber bleibt offen und hört mir weiter zu. Auch ich war damals verblüfft und etwas ungläubig, was gerade vor sich ging. Doch diese Erfahrung öffnete mir die Augen für eine Welt jenseits des rationalen Verstehens. Sie war der erste Schritt auf meinem Weg zur Spiritualität, der mir später half, den Verlust von Rocky zu verarbeiten und Trost in der Verbindung zu seiner Seele zu finden.

Ich begann, mich für die Konzepte von Energie und spiritueller Heilung zu interessieren, und erkannte, dass es mehr zwischen Himmel und Erde gibt, als ich bisher geglaubt hatte.

Es war der Beginn einer Reise, die mir später, nach Rockys Tod, Trost und Heilung schenken sollte. Die Spiritualität half mir, den tiefen Schmerz des Verlustes zu verarbeiten und eine neue Verbindung zu Rockys Seele zu finden.

Zwei Wochen vor Rockys Tod

Ich erinnere mich noch sehr gut an einen besonderen Abend während unseres November-Urlaubs in Brasilien, nur zwei Wochen vor Rockys Tod. Mein Freund und ich schlenderten durch einen kleinen lokalen Markt im Nordosten Brasiliens, der voll von Künstlern und köstlichem Essen war. Alles war handgemacht, vom Schmuck mit Natursteinen und Muscheln bis hin zu den lokalen Köstlichkeiten.

Ein Mann baute gerade seinen Stand für Fußreflexzonen-Massage auf, und I mean" Massage, sag no more" da bin ich direkt angefixt. Er sagte, er brauche noch zehn Minuten, also schlenderten wir weiter, bis wir uns schließlich auf seinen Hockern niederließen, um die weltbeste Fußmassage zu erhalten. Ich muss dazu sagen, ich habe eine Vorliebe für schmerzhaft intensive Massagen, und diese war besonders gut, da er verschiedene Hölzer benutzte, um meine Füße zu massieren, oder eher zu malträtieren.

Während der Massage traf er einen Punkt an meinem Fuß, der unglaublich weh tat. Er erklärte mir, dass dieser Punkt mit der Niere verbunden sei und sagte: „Mädchen, du musst viel mehr Wasser trinken." Ich fragte ihn, woher er das wusste, und er erklärte mir die Zusammenhänge zwischen den Füßen und den Organen und erzählte auch etwas über Chakren und Energie. Ein Satz von ihm blieb mir im Gedächtnis: „Ich spüre deine Energie und merke, dass du viel mehr im Hier und Jetzt leben solltest. Sei präsent. Sei nicht in der Vergangenheit oder in der Zukunft, sondern lebe im Hier und Jetzt. Lerne, das mehr zu schätzen und wahrzunehmen."

Oh Lord, hätte ich das doch nur schon vorher viel mehr gemacht, dann hätte ich jede Sekunde, die ich mit Rocky hatte, noch viel intensiver wahrgenommen. Aber auch für meine Heilung half mir dieses Erlebnis ungemein. Immer wieder rufe ich mir diese Worte ins Gedächtnis: „Be present. Be here. Genieße das Hier und Jetzt, denn das ist alles, was uns bleibt. Alles, was zählt."

Und auch jetzt möchte ich dich ermutigen, kurz innezuhalten. Leg das Buch für ein paar Minuten zur Seite und nimm einfach mal deinen Körper wahr. Setz dich bequem hin, schließe die Augen und konzentriere dich ganz auf dich selbst. Nimm einen tiefen Atemzug und spüre, wie die Luft in deine Lungen strömt und deinen Brustkorb hebt. Atme langsam wieder aus und lass dabei alle Anspannung los. Wiederhole dies ein paar Mal. Hör auf deinen Herzschlag. Spüre, wie dein Herz regelmäßig schlägt, wie es das Leben durch deinen Körper pumpt. Dieses stetige Pochen ist ein Zeichen dafür, dass du hier bist, lebendig und präsent in diesem Moment.

Achte auf deinen Atem. Spüre, wie die Luft kühl durch deine Nase einströmt und warm wieder ausströmt. Jeder Atemzug ist einzigartig und bringt dich tiefer in das Hier und Jetzt. Nimm deine Umgebung wahr. Höre die Geräusche um dich herum, ohne sie zu bewerten. Fühle den Kontakt deiner Füße zum Boden, die Berührung deiner Kleidung auf deiner Haut.

Sei dankbar für diesen Moment. Es ist ein Geschenk, im Hier und Jetzt zu sein. Oft sind wir in Gedanken entweder in der Vergangenheit oder in der Zukunft gefangen, doch die wahre Schönheit des Lebens liegt im gegenwärtigen Augenblick.

Dankbarkeit ist ein mächtiges Gefühl. Sei dankbar für deinen Atem, für deinen Herzschlag, für die Möglichkeit, diesen Moment bewusst zu erleben. Lass diese Dankbarkeit in dir wachsen und deinen ganzen Körper erfüllen.

Wenn du bereit bist, öffne langsam die Augen und kehre zurück zum Hier und Jetzt. Nimm das Buch wieder in die Hand und fühle dich erfrischt und präsent.

Diese kleinen Momente der Achtsamkeit können dir helfen, die Verbindung zu dir selbst und zur Welt um dich herum zu stärken. Sie erinnern dich daran, dass das Leben im Jetzt stattfindet, und dass jeder Augenblick wertvoll ist.

Die ersten Tage ohne Rocky

Um ehrlich zu sein, erinnere ich mich kaum an die Tage nach Rockys Tod, geschweige denn an die Nacht danach. Meine Augen waren ständig geschwollen vom Weinen, und die Nächte waren endlos und einsam. Oft schlief ich weinend ein, unfähig zu begreifen, was überhaupt passiert war. In der ersten Nacht nach Rockys Tod hatte ich sogar das Gefühl, dass sich die Matratze an der Stelle, wo er sich oft zum Kuscheln hinlegte, leicht nach unten neigte. Es war, als könnte ich das Gewicht seines Kopfes auf meinen Beinen spüren, wie er es so oft getan hatte. Auch glaubte ich, ihn in der Wohnung herumlaufen zu hören, aber da war nichts. Von ihm geträumt habe ich, glaube ich, nicht – zumindest nicht so, dass ich mich daran erinnern könnte.

Die Tage danach verliefen wie in Trance. Irgendwie war plötzlich alles anders, doch die Welt um mich herum blieb nicht stehen. Ich fand es seltsam, dass das Leben einfach weiterging. Wenn ich zum Einkaufen ging, schienen die Leute um mich herum völlig normal. Niemand wusste, was passiert war, und mir war es kaum anzusehen. In solchen Momenten dachte ich oft daran, wie wenig wir wirklich über das Leid anderer wissen. Wie schnell sind wir im Alltag wütend oder urteilen über andere, ohne zu wissen, welches schwere Päckchen sie vielleicht gerade tragen.

Ich versuchte, mich so schnell wie möglich wieder in die Arbeit zu stürzen, in der Hoffnung, mich abzulenken und meinen eigenen Gedanken zu entfliehen. Oft redete ich mir ein, dass Rocky einfach nur bei meinen Eltern oben sei, um mich selbst für ein paar Minuten glücklich zu machen. Doch das Verdrängen half nicht wirklich. Nichts war normal – weder bei mir, noch bei meiner Familie oder meinem Freund. Der Schmerz und Schock standen uns allen ins Gesicht geschrieben. Wir schickten uns gegenseitig Videos und Bilder von Rocky, weil niemand loslassen wollte. Selbst mein Vater, den ich selten weinen gesehen habe, war fassungslos und tief traurig. Jeder von uns war am Boden zerstört, und doch musste das Leben irgendwie weitergehen.

Die Weihnachtszeit stand vor der Tür, und gerade an solchen Festlichkeiten schmerzte der Verlust noch mehr. Einerseits versuchte ich stark zu sein, damit meine Familie sich keine Sorgen um mich machen musste. Andererseits fühlte ich mich so verloren, dass das ganze Leben plötzlich keinen Sinn mehr ergab.

Und dann war da noch Sammy, unser zweiter Hund. Auch er trauerte tief und gab uns in dieser schweren Zeit Halt. Hunde trauern auf ihre Weise, und auch Sammy durchlief verschiedene Phasen der Trauer, die mir erst später bewusst wurden. Zuerst war da die Verwirrung, als er plötzlich ohne seinen Freund war. Er suchte nach Rocky, schnüffelte an seinen Lieblingsplätzen, schien auf ihn zu warten. Dann folgte eine Phase der Zurückgezogenheit und Appetitlosigkeit, ein klares Zeichen dafür, dass auch Hunde tiefen Schmerz empfinden können.

Sammy wurde auch ängstlicher und zeigte ungewöhnliche Verhaltensweisen, wie plötzliches Bellen oder Knurren, besonders wenn fremde Menschen oder Hunde in seine Nähe kamen. Es war, als würde er versuchen, das Zuhause und seine Menschen, die ihm noch geblieben waren, zu beschützen.

Eine Phase der Aggression, in der er sein Essen verteidigte und weniger geduldig mit uns und anderen war, folgte darauf. Ich lernte, dass diese Verhaltensänderungen ein natürlicher Teil der Trauer bei Hunden sind – ein Ausdruck ihrer eigenen Verarbeitung des Verlustes.

Sammy half uns jedoch auch, indem er uns daran erinnerte, dass das Leben weitergeht. Er brachte uns zum Lächeln, wenn er einfach nur bei uns war. Es war unvorstellbar, wie viel schlimmer es gewesen wäre, wenn gar kein Hund mehr da gewesen wäre. Die Stille im Haus, keine Pfoten, die über den Boden trappelten, keine Spaziergänge, der leere Napf, sein Kuscheltier, seine Decke, seine Halsbänder – alles erinnerte an den schmerzhaften Verlust.

Der Schmerz war nicht nur seelisch, sondern auch körperlich spürbar, als wäre ein riesiges Stück meines Herzens herausgerissen worden. Wir alle, Mensch und Hund, kämpften mit dem Schmerz und versuchten, irgendwie weiterzumachen, während wir gleichzeitig versuchten, die tiefe Leere zu füllen, die Rockys Verlust hinterlassen hatte.

Unterstützung von Familie und Freunden

Die Unterstützung von Familie und Freunden nach Rockys Tod war von unschätzbarem Wert. Ihre Präsenz und ihre Bereitschaft, das Thema nicht zu meiden, halfen mir enorm. Oft glauben Menschen, dass es besser ist, den Schmerz nicht anzusprechen, um die Trauernden nicht weiter zu belasten. Doch in meinem Fall war das Gegenteil der Fall. Jedes Foto, das mir geschickt wurde, jede Erzählung über Rocky, die Freunde und Familie mit mir teilten, half mir, mit dem Verlust umzugehen und gab mir das Gefühl, dass Rocky nicht vergessen wird.

Diese Erinnerungen und Geschichten brachten nicht nur Trost, sondern ließen Rocky in unseren Gesprächen weiterleben. Sie machten mir bewusst, wie sehr er geschätzt und geliebt wurde. Es war, als würde jeder geteilte Moment seine Präsenz ein wenig länger bei uns halten, und das war unglaublich wertvoll für mich. Die Fotos, die mir geschickt wurden, zeigten Rocky in glücklichen Momenten – beim Spielen, beim Kuscheln oder einfach nur beim Faulenzen. Diese Bilder brachten Lächeln und Wärme in mein Herz, auch wenn sie gleichzeitig Tränen hervorriefen. Es war ein bittersüßer Schmerz, aber einer, der mir half, den Verlust zu verarbeiten und mich mit der Realität auseinanderzusetzen.

Die Gespräche über ihn, die liebevollen Anekdoten und die geteilten Momente ließen mich spüren, dass Rocky ein bleibender Teil unseres Lebens bleibt. Diese Offenheit ermöglichte es mir, meine Trauer zu verarbeiten, sie zu benennen und anzunehmen.

Es zeigte mir, dass es in Ordnung ist, zu weinen, zu lachen und zu erinnern. Dass es in Ordnung ist, über den Verlust zu sprechen und dabei zu erfahren, dass man nicht alleine ist.

So wurde mir bewusst, wie wichtig es ist, das Thema nicht zu vermeiden. Der Austausch von Erinnerungen und Erlebnissen war für mich ein wichtiger Teil des Heilungsprozesses. Es zeigte mir, dass Rocky nicht nur in meinem Herzen weiterlebt, sondern auch in den Herzen vieler anderer. Diese kollektive Erinnerung tröstete mich und gab mir die Gewissheit, dass Rocky nie vergessen wird.

„Life will be okay again

and you will feel like you again."

(unbekannt)

Kapitel 3

Die Suche nach Antworten

In diesem Kapitel möchte ich tiefer auf die medizinischen Umstände eingehen, die zu Rockys plötzlichem und tragischem Tod führten. Es ist wichtig, diese Aspekte zu verstehen, um aus den Erfahrungen zu lernen und besser auf zukünftige Situationen vorbereitet zu sein.

Rocky war immer ein gesunder und lebendiger Hund gewesen, daher kam die Nachricht von seinem schweren Zustand völlig unerwartet und war ein großer Schock. Nach der Verabreichung von Medikamenten, die eigentlich zur Linderung seiner Beschwerden gedacht waren, verschlechterte sich sein Zustand rapide. Besonders besorgniserregend waren seine Nierenwerte, die stark abwichen und auf ein akutes Nierenversagen hinwiesen. Trotz intensiver Bemühungen, eine klare Diagnose zu stellen, blieb die genaue Ursache unklar. Es bestand jedoch der Verdacht, dass eine Reaktion auf das verabreichte Schmerzmittel Novalgin die Nieren massiv geschädigt haben könnte.

In dieser extrem belastenden Situation empfahl der Tierarzt, Rocky in eine spezialisierte Klinik zu bringen, die weiter entfernt lag. Diese Entscheidung führte zu einem kostbaren Zeitverlust, in dem wertvolle Minuten verloren gingen, die möglicherweise entscheidend hätten sein können. In meiner Verzweiflung und meinem Vertrauen auf die medizinische Expertise folgte ich diesen Anweisungen, ohne die Möglichkeit in Betracht zu ziehen, eine nähere Alternative zu suchen oder den Rat zu hinterfragen.

Nach Rockys Tod stellte sich die Frage, ob rechtliche Schritte gegen den Tierarzt in Erwägung gezogen werden sollten. Doch ich entschied mich dagegen, da mir zum einen die Beweise fehlten, die einen klaren Behandlungsfehler belegen könnten, und zum anderen, weil keine juristische Maßnahme Rocky jemals zurückbringen würde. Diese bittere Erfahrung hat mir gezeigt, dass es essenziell ist, als Tierhalter nicht blind auf die Anweisungen der Ärzte zu vertrauen. Stattdessen sollten wir lernen, kritische Fragen zu stellen, uns über mögliche Nebenwirkungen von Medikamenten zu informieren und eine umfassendere Eigeninitiative zu entwickeln.

Diese Erfahrung hat mich gelehrt, dass es manchmal besser sein kann, nicht wegen jeder kleinen Beschwerde sofort zum Arzt zu gehen. Unser Körper – und auch der unserer Haustiere – besitzt oft erstaunliche Selbstheilungskräfte, die durch Ruhe, eine ausgewogene Ernährung und natürliche Heilmethoden unterstützt werden können. Mutter Natur hat uns viele Werkzeuge gegeben, um Heilungsprozesse zu unterstützen. Manchmal ist es ratsam, dem Körper Zeit zu geben, sich selbst zu regenerieren, bevor man zu starken Medikamenten greift.

Diese Erkenntnis war ein harter, aber wichtiger Lernprozess für mich. Sie hat mir gezeigt, wie wertvoll es ist, informiert zu sein und selbstbewusst Entscheidungen zu treffen, wenn es um die Gesundheit unserer geliebten Tiere geht. Rockys Tod ist ein schmerzhaftes Kapitel in meinem Leben, das mir jedoch auch die Augen geöffnet hat für die Notwendigkeit, Verantwortung zu übernehmen und nicht blind auf Autoritäten zu vertrauen.

„Hunde sind nicht unser ganzes Leben,

aber sie machen unser Leben ganz.“

(Roger Caras)

Kapitel 4

Die Entdeckung der Spiritualität

Schon als Kind war ich immer diejenige in meiner Familie, die sich für das Spirituelle interessierte. Während meine Mutter, obwohl offen für neue Ideen, nicht immer mit allem etwas anfangen konnte, zog es mich von klein auf zu den Rätseln und Mysterien des Lebens hin. Schon früh beschäftigten mich Fragen, die über das Alltägliche hinausgingen, und ich spürte eine tiefe Verbindung zu den unsichtbaren und unerklärlichen Aspekten der Existenz.

Ich erinnere mich noch lebhaft an die laute, böse Frauenstimme, die ich als Kind in meinem Kopf hörte und die mich oft nachts erschreckte. Ich bat sie immer wieder, leiser zu sein, aber nie sprach ich darüber. Es war meine eigene, private Erfahrung, die ich nicht teilen konnte. Auch die imaginären Freunde, die ich mir als Kind ausdachte, und die tiefe Verbindung zu meinen Tieren, sei es meine Kindheitskaninchen oder der unaufhörliche Wunsch, einen eigenen Hund zu haben, waren Ausdruck meines intuitiven Zugangs zu einer tieferen Realität. Ich fühlte mich schon immer verbunden mit etwas, das ich damals nicht richtig einordnen konnte.

Es war mir schon früh ein Rätsel, warum der Tod einfach das Ende sein sollte. Der physische Körper mag sterben, aber was geschieht mit der Seele? Wer sind wir wirklich? Sind wir nur unser Körper, unsere Gedanken oder unsere Seele? Diese Fragen beschäftigten mich seit meiner Kindheit und führten zu einer inneren Suche nach Antworten, die für mich Sinn machten.

Als Rocky starb, wurde meine Suche nach diesen Antworten intensiver und persönlicher. Der Tod meines treuen Begleiters war nicht nur ein schmerzhafter Verlust, sondern auch ein Schlüssel zu einer neuen Dimension meines spirituellen Verständnisses. Es war an der Zeit, die tiefen Fragen, die ich seit meiner Kindheit stellte, auf eine neue Weise zu erforschen.

Die letzte Nacht mit Rocky markierte einen Wendepunkt. In den letzten Stunden, in denen ich noch nicht mal begriff dass es unsere letzten gemeinsamen Stunden waren, geschahen Dinge, die rational und logisch nicht zu erklären waren. Es war, als ob sich eine neue Realität öffnete, in der die Grenzen zwischen Leben und Tod verschwommen. Ich begann, Zeichen und Botschaften wahrzunehmen, die ich zuvor nicht gekannt hatte. Diese Erfahrungen ließen mich erkennen, dass es mehr gibt, als wir mit unseren physischen Sinnen erfassen können.

Die Begegnungen, die ich nach Rockys Tod hatte, führten mich zu einem tieferen Verständnis dessen, was es bedeutet, spirituell zu sein. Die Ereignisse der letzten Nacht und die nachfolgenden Erfahrungen halfen mir, die Vorstellungen von Seele und Jenseits auf eine Weise zu erforschen, die ich nie für möglich gehalten hätte. Es war, als ob Rocky mich auf eine Reise führte, die mich zu einer neuen Perspektive auf das Leben, den Tod und das, was dazwischen liegt, brachte.

Ich begann zu verstehen, dass der Tod nicht das Ende ist, sondern ein Übergang in eine andere Form des Seins. Diese Erkenntnis half mir nicht nur, den Verlust von Rocky zu verarbeiten, sondern öffnete auch die Tür zu einer tieferen spirituellen Einsicht. Die Verbindung, die ich mit Rocky und den unerklärlichen Ereignissen nach seinem Tod erlebte, bestätigte mir, dass die Seele weiterlebt und dass unser Verständnis von Existenz weit über das Physische hinausgeht.

Gehen wir nun zurück an die letzte Nacht mit Rocky.
In den Kapiteln zuvor hatte ich bereits erwähnt, dass ich für Rocky und mich eine Playlist auf Spotify angemacht hatte, die sich „ruhige Meditation" nannte. Diese Playlist bestand aus meditativen Melodien, die ich uns an diesem Abend anmachte, in der Hoffnung, dass die Musik ihm helfen würde, zur Ruhe zu kommen, da er sehr unruhig war und nicht schlafen konnte. Ich zündete im Wohnzimmer ein Räucherstäbchen an, stellte die Musik auf meinem Handy an und legte mich zu ihm, während die sanften Klänge durch den Raum strömten.

Schließlich schlief ich ein, und irgendwann fand auch Rocky seine Ruhe. In der Nacht wachte ich auf, bemerkte, dass die Musik noch lief, aber Rocky bereits schlief. Verschlafen tippte ich auf mein Handy, um die Musik zu stoppen, sperrte es wieder und schlief weiter. Warum erzähle ich euch das?

Nachdem Rocky verstorben war, saß ich am 11.12.22 wieder auf dem Sofa, mein Handy in der Hand. Aus Reflex öffnete ich Spotify, ohne an etwas Bestimmtes zu denken. Als ich die App öffnete, sah ich das letzte Lied, das wir in der Nacht gehört hatten – das Lied, das ich um **2:21** Minuten gestoppt hatte. Der Titel des Liedes war „Semper Fidelis", was übersetzt „immer treu" bedeutet.

Ich spürte sofort ein tiefes Bauchgefühl – es fühlte sich an wie eine Nachricht von Rocky an mich. Ein Zeichen. Ein Zeichen, das mir vermitteln sollte, dass er mir immer treu bleibt, auch wenn er nicht mehr körperlich bei mir ist. Es war ein Moment, der für mich besonders bedeutungsvoll war, da alle anderen Lieder der Playlist eher allgemeine Titel trugen.

Der Titel „Semper Fidelis" war für mich nicht nur Zufall, sondern ein bewusstes Zeichen, das ich tief in meinem Herzen als Botschaft von Rocky interpretierte. Seitdem begleiten mich diese Zahlen und ich sehe sie als meine persönlichen Glückszahlen.

Beispielsweise heißt mein Instagram account auch *angivibes.221* denn diese Zahlen sind ab jetzt immer präsent und mein Wegweiser.

Vielleicht denken einige, dass ich in diesem Zusammenhang zu viel hineininterpretiere, aber das Gefühl, das ich bei diesem „Zeichen" hatte, war stark. Und das ist nicht der einzige Hinweis, den ich erhalten habe. Zusätzlich befasste ich mich schon vorher mit dem Thema Numerologie, und hier wird es besonders interessant.

Numerologie ist die Lehre von den Zahlen und ihren spirituellen und symbolischen Bedeutungen. Sie besagt, dass Zahlen nicht nur mathematische Konzepte sind, sondern auch tiefere Bedeutungen und Einflüsse auf unser Leben und unsere Erfahrungen haben können. Zahlen können als Zeichen, Botschaften oder Wegweiser fungieren.

In meinem Fall verfolgten mich nach Rockys Tod bestimmte Zahlen: 2, 1, 21 und 11. Diese Zahlen traten immer wieder in meinem Leben auf, und ich begann, ihre Bedeutung zu erforschen. In der Numerologie steht die Zahl 2 oft für Harmonie, Partnerschaft und Sensibilität, während die Zahl 1 für Neuanfänge, Individualität und Führung steht. Die Zahl 21 kann sowohl für Erfolg und Erfüllung als auch für Transformation und Erneuerung stehen. Die Zahl 11 wird häufig als Meisterzahl betrachtet, die Intuition, Einsicht und spirituelles Wachstum symbolisiert.

Engelszahlen haben eine große Kraft und können uns auf unserer spirituellen Reise begleiten. Sie sind nicht nur magische Zahlen, sondern auch Werkzeuge, um unsere Verbindung zum Universum zu stärken und uns mit unserer inneren Führung zu verbinden. Wenn wir lernen, auf die Botschaften der Engelszahlen zu hören und ihre Bedeutung zu interpretieren, können wir ein tieferes Verständnis von uns selbst und unserer Lebensreise entwickeln.

Engelszahlen sind wie ein geheimes Kommunikationsmittel zwischen uns und dem Universum. Sie können uns auf subtile Weise leiten, unterstützen und ermutigen. Durch ihre wiederholte Erscheinung in unserem Leben können wir ihre Bedeutung erkennen und daraus wertvolle Erkenntnisse gewinnen. Die Engelszahlen dienen als Wegweiser auf unserer spirituellen Reise und helfen uns, den richtigen Pfad zu finden und uns mit unserem höheren Zweck zu verbinden.

Als ich die Bedeutung dieser Zahlen erkundete, erkannte ich, dass sie mir nicht nur Trost, sondern auch eine tiefere Verbindung zu Rocky und seinem spirituellen Erbe boten. Die wiederkehrenden Zahlen gaben mir das Gefühl, dass Rocky auf irgendeine Weise noch bei mir war, mich führte und mir Zeichen gab, dass unser Band über den physischen Tod hinaus Bestand hatte.

Diese Erlebnisse führten mich zu einer noch tiefergehenden Erforschung der Spiritualität und der Verbindung zwischen Leben und Tod. Sie halfen mir, den Verlust von Rocky nicht nur als Ende, sondern als Übergang zu sehen – ein Übergang, der mich dazu einlud, mehr über die verborgenen Dimensionen der Realität zu erfahren und die Bedeutung der Zeichen, die uns das Universum sendet, zu erkennen und zu verstehen.

Seitdem begleiten mich diese Zahlen Tag ein, Tag aus. Ich schaue meist genau um 10:21, 11:21 Uhr, etc., auf meine Handyuhr oder sehe überall die Zahlen 1 und 2. Natürlich ist mein Fokus auch darauf gerichtet, denn das Gesetz der Anziehung funktioniert genau so: „Where focus goes, energy flows." Aber ist nicht alles Energie im Leben? Und sollten wir nicht gerade dann unseren Fokus auf Zeichen und Dinge richten, die uns guttun? Mir hat es jedenfalls sehr geholfen zu wissen, dass Rocky noch bei mir ist.

Ich las in einem Buch folgenden Abschnitt der auf einmal Sinn für mich ergab:
„Wir sind multidimensionales, unendliches Bewusstsein, das sich in einem physischen Körper für eine Zeit intensiver Erfahrungen auf dem Weg der Evolution inkarniert.

Wir „sterben" nicht, weil wir nicht sterben können. Energie ist Bewusstsein, und Energie kann nicht zerstört, sondern nur in einen anderen Ausdruck ihrer selbst verwandelt werden. Wenn du erkennst, dass du nicht dein physischer Körper bist, sondern das unendliche, ewige Bewusst-sein, das diesem Körper Leben gibt, dann erweitert sich deine Sicht von dir selbst und deinem Potential über alle Massen - die Essenz deines Seins und jede Zelle deines Körpers ist von Natur aus multidimensional.

Unser Bewusstsein ist jedoch darauf konditioniert, sich innerhalb der Grenzen und Beschränkungen einer dreidimensionalen Matrix zu bewegen."
(Zitat aus dem Buch Seite 28 „Buch der Weisheit - Band 1 - Harry B. Joseph)

„Wenn du einen Hund nimmst,

übergibst du ihm einen Teil deines Herzens

und wenn er geht,

hinterlässt er eine Lücke,

die niemals gefüllt werden kann."

(John Grogan)

Weitere Zeichen von Rocky

Natürlich war das nicht das einzige Ereignis, sondern ich hatte natürlich auch öfter Zweifel, ob es wirklich ein Zeichen war oder nicht. Daher möchte ich euch weitere Erlebnisse erzählen, die mir nach und nach die Skepsis nahmen und mir halfen, auf mein Bauchgefühl zu hören und den Zeichen zu vertrauen.

Rocky verstarb ja am 7. Dezember, in der Adventszeit also. Seit meiner Kindheit liebe ich Adventskalender. Deshalb bekomme ich auch heute noch jedes Jahr einen von meiner Mama geschenkt. Man ist einfach nie zu alt für einen Adventskalender, oder? :) Selbst meine Hunde bekommen mittlerweile Adventskalender, ebenfalls von meiner Mama. Rocky konnte leider nur 3-4 Türchen öffnen, bevor es ihm schlechter ging. Den Rest seiner Türchen habe ich dann schweren Herzens Sammy, unserem Zweithund, gegeben.

Aber zurück zu meinem Adventskalender. In diesem Jahr, 2022, hatte ich von meiner Mama einen Kosmetik-Adventskalender bekommen, gefüllt mit verschiedenen Cremes, Make-up, Haargummis, Teelichtern usw. – also Krimskrams für Mädchen. Zwei Tage nach Rockys Tod habe ich mir abends vorm Einschlafen von ihm ein Zeichen gewünscht, dass er noch bei mir ist. Am nächsten Morgen öffnete ich mein Adventskalender-Türchen und fand dort ein kleines, durchsichtiges Tütchen mit blaufarbenem

Badesalz. Die Aufschrift auf dem Tütchen lautete: „Badesalz - Don't Forget Me“ (übersetzt: „Vergiss mich nicht“).

An keinem der Tage davor noch danach war etwas im Adventskalender, das auch nur annähernd als Zeichen interpretiert werden konnte. Da war es für mich klar: Das war Rocky.

Nun begann ich, mich etwas mehr mit dem Thema verstorbene Seelen und der Kommunikation mit ihnen zu befassen. Meine Freundin Mireille, die viel Energiearbeit macht, riet mir, mir einfach mal verschiedene Dinge von Rocky zu wünschen, um zu testen, ob es wirklich Zeichen von ihm sind.

Gesagt, getan. Ein paar Wochen später war ich mit Sammy zum Spazieren auf das Feld gefahren. Es war schon etwas Zeit vergangen, aber an diesem Tag fehlte mir Rocky besonders. Das Feld war menschenleer, es war Winter, und ich lief mit Sammy entlang, als mir Mireilles Tipp wieder in den Sinn kam. Also bat ich Rocky diesmal lautstark (da niemand sonst unterwegs war): „Rocky, begleite uns bitte heute auf dem Spaziergang und zeig mir, dass du bei mir bist, indem ich auf diesem Spaziergang einen Hasen sehe!“

Meine Anforderung war klar. Ich rief es regelrecht hinaus und hoffte nur, dass wirklich niemand sonst unterwegs war, der mich für verrückt halten könnte. Ich lachte sogar etwas, da ich ehrlich gesagt nicht wirklich daran glaubte, dass es funktionieren würde. Aber ich wollte es wissen. Man muss dazu sagen, noch bei keinem Spaziergang zuvor habe ich einen Hasen gesichtet. Bei keinem! Es war Winter, ich wusste nicht, wann Hasen unterwegs sind, aber egal irgendwie kam mir dieser Wunsch in den Sinn also sprach ich ihn so aus...

Ich lief schon einige Minuten mit Sammy auf dem Feld und hielt Ausschau nach einem Hasen, bisher ohne Erfolg. Ich wiederholte in meinem Kopf immer wieder: „Rocky, bitte zeig mir einen Hasen," wie eine Besessene, fest entschlossen, zu erfahren, ob ich mir all die Zeichen zuvor nur eingeredet hatte oder ob es wahr war. Ob mein Gefühl mich nicht getäuscht hatte.

Und ihr könnt es mir jetzt glauben oder auch nicht: Ich lief auf die letzte Kreuzung zu, an der ich mit Sammy umdrehen wollte. Ich schaute nach rechts und sah ein paar Meter entfernt mitten auf dem Weg einen riesigen, fetten Hasen sitzen! Ich blieb stehen, zückte mein Handy und traute meinen Augen nicht. Er saß seelenruhig mitten auf dem Weg, groß und nicht zu übersehen. Ich erinnere mich, wie ich innerlich aufblühte und mich freute wie ein Honigkuchenpferd. Ich schrie vor Glück: „DANKE, ROCKINHO!" Der Hase rannte weg, wahrscheinlich verängstigt von meinem Geschrei, und dachte sich nur: „Was hat die denn für einen Dachschaden!" Ich filmte, wie er weghoppelte, und schickte meiner Familie aufgeregt das Video.

Für mich war das MEIN Zeichen.

Seitdem habe ich keinen Hasen mehr beim Gassigehen gesehen. Für viele mag das vielleicht nach Zufall klingen, doch es gibt auch viele Menschen, die von Zeichen berichten, die sie von verstorbenen Seelen wahrgenommen haben. Mir half es jedenfalls, ein Stück weit besser mit dem Verlust umzugehen. Der Gedanke, dass Rockys Seele noch bei mir ist, mich begleitet und führt, fand ich heilender und tröstlicher als die Vorstellung, dass nach dem Tod einfach alles vorbei ist.

Ein weiteres kurioses Erlebnis betraf meinen anderen Hund Sammy. Sammy ist ein Mischling aus Berner Sennenhund und Australian Shepherd, und er hat einen komplett anderen Charakter als Rocky. Was mich überraschte, war, dass sich Sammy nach Rockys

Tod plötzlich ungewöhnlich verhielt. Er begann Dinge zu tun, die er zuvor nie gemacht hatte, als ob Rocky kurzzeitig in ihn übergegangen wäre.

Eines Tages kam mein Papa wie jeden Morgen zum Kaffeetrinken vorbei und drehte eine kleine Runde mit den Hunden. Manchmal gingen sie auch beim Bäcker vorbei und brachten Brötchen mit. Früher hatte Rocky die Angewohnheit, die Bäckertüte vom Bäcker bis nach Hause in seinem Maul zu tragen, um sie mir stolz zu überbringen und dafür ein kleines Stück Brötchen als Belohnung zu bekommen. Als Labrador apportierte er alles Mögliche sehr gerne. Sammy hingegen hat nie etwas apportiert. Ich hatte versucht, es ihm beizubringen, aber er verstand einfach nicht, dass er die Tüte mit seinen Zähnen festhalten und damit laufen sollte.

Ich erinnere mich noch genau an diesen Tag, als ich auf meinem Barhocker am Küchentisch saß und meinen Espresso trank, während ich auf meinen Papa und Sammy wartete. Auch an diesem Tag waren sie beim Bäcker. Mein Papa öffnete die Tür und sagte: „Hier, Sammy, bring der Mama die Brötchen." Er reichte ihm die Bäckertüte, und Sammy nahm sie und brachte sie mir. Mir fiel alles aus dem Gesicht. Ich sagte: „Das hat er noch nie gemacht, das war Rocky!" Auch mein Papa war erstaunt, dass es funktioniert hatte. Es war das einzige Mal, dass Sammy das gemacht hat. Danach nie wieder.

Es waren all diese kleinen Dinge im Alltag, die mir zeigten, dass nach dem Tod nicht alles einfach endet. Für mich ergibt es keinen Sinn, dass die Seele dann einfach weg ist. Nicht nach all den kleinen Zeichen, die zwar für viele kein Beweis sind, mir aber tief in meinem Herzen die Gewissheit gaben, dass da noch mehr ist.

Ich weiß, dass es viele verschiedene Ansichten und Glaubensrichtungen gibt, und ich möchte euch hier nicht von meiner überzeugen. Ich akzeptiere alle Glaubensrichtungen und bin der Überzeu gung, dass jeder Mensch selbst herausfinden muss, was für ihn Sinn ergibt. Ich möchte euch lediglich zeigen, wie es bei mir war und was mir bei der Trauer geholfen hat.

Beispielsweise habe ich gelesen, dass im russisch-orthodoxen Glauben, ähnlich wie im katholischen Glauben, von den 40 Tagen nach dem Tod berichtet wird. Im russisch-orthodoxen Glauben sagt man, dass Verstorbene 40 Tage lang von Engeln an die verschiedenen Orte ihres Lebens geführt werden, bevor sie in den Himmel aufgenommen werden, um die Sündenvergebung durchzuführen. Dieser Gedanke fand ich sehr schön und machte auch am 40. Tag von Rocky eine Kerze an, in Gedenken daran, dass er jetzt im Himmelreich aufgenommen wird und es dort ganz viele leckere Grillhähnchen für ihn gibt.

In der Bibel wird ebenfalls über die Bedeutung von 40 Tagen nach dem Tod gesprochen. Im Neuen Testament verbrachte Jesus nach seiner Auferstehung 40 Tage auf der Erde, bevor er in den Himmel aufstieg: "Denen er sich nach seinem Leiden mit vielen sicheren Kennzeichen lebendig gezeigt hatte, indem er ihnen vierzig Tage hindurch erschien und von den Dingen des Reiches Gottes redete" (Apostelgeschichte 1:3).

Ein weiteres kleines Zeichen möchte ich euch noch erzählen, weil ich es einfach sehr schön fand: Fast ein Jahr nach Rockys Tod, im Oktober 2023, besuchten wir meinen Bruder in Portugal. An einem sonnigen Nachmittag entschied ich mich, alleine in die kleine Altstadt von Nazaré zu gehen, einem bekannten Fischerdorf, das berühmt für seine riesigen Surferwellen ist. Ich wollte in den kleinen Laden an der Strandpromenade, der wunderschönes Porzellan verkauft. Mein Bruder, Viktoria und mein Freund waren gerade anderweitig beschäftigt, also machte ich mich allein auf den Weg zum Strand.

Auch an diesem Tag spürte ich Rocky besonders nah bei mir. Ich erinnerte mich an die Worte meiner Freundin Mireille, die mir sagte: "Du kannst dir immer kleine Zeichen von ihm wünschen, wenn der Herzschmerz mal wieder groß wird. Er begleitet dich immer." Irgendwie brauchte ich an diesem Tag besonders ein solches Zeichen. Bevor ich zurück zum Auto ging, beschloss ich, noch den Sonnenuntergang am Wasser zu betrachten. An diesem Tag waren die Wellen stürmisch, aber die Sonne tauchte den Himmel in wunderschöne Farben.

In Nazaré ist der Sandstrand sehr breit, sodass man ein Stück gehen muss, um ans Wasser zu gelangen. In meinem Kopf wiederholte ich meinen kleinen Wunsch an Rocky: "Rocky, bitte zeig mir heute, dass du mich begleitest, und schick mir eine wunderschöne Feder, die ich nicht übersehen kann. Nicht irgendeine Feder, sondern eine, bei der ich genau weiß, dass sie von dir ist." Ich hatte diesen Wunsch so formuliert, weil ich wusste, dass am Strand oft Federn von Möwen zu finden sind, aber meine sollte besonders sein und eindeutig von Rocky kommen.

Während ich mich dem Wasser näherte, nahm ich mein Handy heraus und begann, ein Video zu machen, als ich durch den Sand rannte. Und da war sie plötzlich: Ich rannte buchstäblich auf "meine" Feder zu. Es war nicht irgendeine Feder. Es war eine riesige Feder, die im Sand steckte, genau dort, wo ich zum Wasser lief. Die Wellen brachen im Hintergrund, und der Sonnenuntergang zauberte ein wunderschönes Licht auf die Szene. Ich wusste sofort, dass dies meine Feder war. Auf dem ganzen Weg hatte ich keine andere Feder gesehen, und ich schaute mich um und sah auch sonst keine. Diese eine Feder war wirklich besonders: groß und elegant, sie steckte im Sand wie eine kleine Fahne und war so lang wie mein Unterarm.

Ich dankte Rocky, während mir ein paar Tränen über die Wangen liefen. Ich setzte mich mit meiner Feder noch eine Weile in den Sand, um den restlichen Sonnenuntergang zu genießen, bevor ich mich glücklich auf den Heimweg machte. Diese Feder begleitet mich seitdem in meinem Auto, ein ständiges Zeichen, dass Rocky immer bei mir ist.

Warum der Verlust eines Hundes so schmerzt?

Ich habe mich oft gefragt, weshalb Tiere uns so nah sind und warum der Verlust eines Hundes so schmerzt. Der Schmerz, den wir empfinden, ist oft tiefer als wir es erwartet hätten. Diese Trauer ist so intensiv, weil Hunde uns auf eine ganz besondere Weise lieben und begleiten.

Sie sind mehr als nur Haustiere; sie sind Familienmitglieder, treue Begleiter und Seelenfreunde. Hunde lieben uns bedingungslos. Egal, wie wir uns fühlen oder was in unserem Leben passiert, sie sind immer da, um uns zu unterstützen und zu trösten. Ihre Liebe ist rein und frei von jeglichen Bedingungen oder Erwartungen. Sie akzeptieren uns so, wie wir sind, mit all unseren Stärken und Schwächen. Diese bedingungslose Akzeptanz gibt uns das Gefühl, wirklich geliebt und geschätzt zu werden.

Mit Hunden können wir völlig authentisch und roh sein. Sie sehen uns in unseren verletzlichsten Momenten und lieben uns trotzdem. Vor Hunden müssen wir uns nicht verstellen oder eine Fassade aufrechterhalten. Sie erleben uns so, wie wir wirklich sind. Diese Fähigkeit, unser wahres Selbst zu zeigen, ohne Angst vor Verurteilung oder Ablehnung, schafft eine tiefe emotionale Bindung. Diese Bindung ist so stark, weil sie auf Echtheit und Ehrlichkeit basiert. Hunde sind Teil unseres täglichen Lebens und unserer Routinen. Sie begleiten uns bei Spaziergängen, begrüßen uns freudig an der Tür und sind Teil unserer familiären Rituale.

Ihr Verlust hinterlässt eine Lücke, die weit über das Physische hinausgeht. Es sind die kleinen Dinge, wie das Geräusch ihrer Pfoten auf dem Boden oder ihr leises Schnarchen, die plötzlich fehlen und uns schmerzlich bewusst machen, wie sehr sie unser Leben bereichert haben.

Ein Hund ist oft unser treuester Begleiter, besonders in Zeiten der Einsamkeit. In den stillen Stunden, wenn die Welt schläft, ist es oft der Hund, der uns Gesellschaft leistet. Rocky war für mich genau das. Er war da in den einsamen Nächten, in denen ich einfach nur im Auto saß und nachdachte. Er war da, wenn ich mich verloren fühlte, und durch seine bloße Anwesenheit half er mir, mich weniger allein zu fühlen. Rocky war auch da, als ich mich selbst verloren hatte.

Ich erinnere mich noch genau an einen Streit mit meinem damaligen Freund (nicht der, von dem ich in den vorherigen Kapiteln sprach, das ist der davor gewesen) während eines Besuchs in Portugal bei seiner Familie. Wegen eines banalen Streits hat er mich abends zusammen mit Rocky, den wir erst ein paar Tage hatten, weggeschickt. Er wusste, dass ich Rocky nicht in der Wohnung meiner Oma lassen wollte, die keine Hunde im Haus haben möchte und Rocky war auch noch nicht stubenrein. In Portugal werden Hunde oft als Wachhunde draußen gehalten, was für mich nicht weiter schlimm war, aber ich wollte meinen kleinen Welpen nicht nachts allein draußen anketten. Wo sollte ich mitten in der Nacht mit dem kleinen Welpen hin? Aufgebracht fuhr ich mit Rocky weg, am liebsten wäre ich vor Wut direkt nach Deutschland gefahren. Doch im Streit gibt es bekanntlich immer zwei Seiten und ich weiß das ich auch nicht einfach bin als Person.

Mit Sicherheit hatte mein damaliger Freund auch seine Gründe, mich wegzuschicken, und ich will ihn hier nicht schlecht darstellen. Ich möchte lediglich zeigen, dass gerade in diesen Momenten, in denen man wütend ist oder gestritten hat, Hunde einfach da sind.

Sie bieten Trost und Halt. In der Nacht habe ich mich dann, weinend, zu meiner Oma geschlichen. Ich rief meinen Bruder an, der ebenfalls in Portugal war, und fragte ihn, was ich tun solle. Er sagte: „Komm mit Rocky her, wir lassen ihn nicht draußen schlafen. Oma wird nichts dagegen haben.“ Ich fuhr also mit dem kleinen Rocky zu meiner Oma und verbrachte dort die Nacht, bis ich mich am nächsten Tag mit meinem damaligen Freund aussprach. Die Beziehung haben wir schließlich ein paar Monate später beendet.

Diese Erfahrungen haben mir gezeigt, wie tief die Bindung zu einem Hund sein kann. Sie sind nicht nur Begleiter, sondern echte Freunde, die uns in den dunkelsten Momenten Halt geben und uns das Gefühl vermitteln, dass wir nicht allein sind. Der Verlust eines Hundes schmerzt so sehr, weil dieser treue Begleiter einen so wichtigen Platz in unserem Herzen eingenommen hat.

„Both faith and fear demand you

to believe in something

you cannot see.

You choose.“

(unbekannt)

Kapitel 5

Was passiert wenn wir sterben?

„Die meisten Menschen haben die gleiche Frage über die geistige Welt. Sie wollen wissen, was passiert, wenn wir sterben. Sie wollen wissen, wohin wir von dort aus gehen. Sie fragen sich, wie der Himmel aussieht, und wollen unbedingt wissen, ob wir mit denen, die wir geliebt und verloren haben, wieder vereint sein werden.

Ich beantworte dir hier diese Fragen aus meiner persönlichen Sichtweise, aus den Dingen, die ich erfahren und erlebt habe und die für mich persönlich Sinn ergeben. Das mag für jeden einzelnen anders sein. Aber meine Antwort auf diese Frage lautet simpel und einfach: Natürlich geht das Leben auch nach dem Tod weiter, denn auch unsere Liebe ist ewig. Dieses Leben ist nicht alles, was es gibt, meiner Meinung nach. Die materielle Ebene, auf der wir leben, ist nur ein Level. Es gibt noch viel mehr als nur die Welt, die man mit dem Auge sieht. Noch viel mehr." *(Nohavec, Janet und Suzanne Giesemann. Where Two Worlds Meet: How to Develop Evidential Mediumship. Eigene Übersetzung).*

In dem Buch von Janet Nohavec mit Suzanne Giesemann, „Where Two Worlds Meet: How to Develop Evidential Mediumship", beschreibt Janet die geistige und mediale Welt für Anfänger wie mich sehr gut. Hier eine kleine Erklärung, was ich aus ihrem Buch mitgenommen habe:

„Wir leben in einer Welt aus physischer Materie: aus harten und weichen Dingen. Wie alle materiellen Objekte erscheint uns unser Körper solide, weil unsere physischen Sinne ihn als solide wahrnehmen. Aber wenn man die Atome vermeintlich fester Objekte mikroskopisch untersucht, stellt man fest, dass es sich größtenteils um leeren Raum handelt.

Die Quantenphysik sagt uns nun, dass alles im Universum Energie ist und in unterschiedlichen Frequenzen schwingt, auch du und ich. Wir können einen Eiswürfel sehen und fühlen, weil seine Elektronen so langsam schwingen, dass er für uns fest erscheint. Flüssiges Wasser besteht aus den gleichen Partikeln wie ein Eiswürfel, nur dass die Partikel im Wasser schneller vibrieren, sodass es sich weniger fest anfühlt als das Eis. Beschleunigen Sie diese Partikel noch mehr, und das Wasser verwandelt sich in Dampf. Wir können die Feuchtigkeit in der Luft spüren, aber wir können sie nicht sehen. Bedeutet das, dass sie nicht da ist?

In diesem Moment rauschen Radiowellen und Handygespräche an unseren Ohren vorbei. Der einzige Grund, warum wir sie nicht hören können, ist, dass sie zu schnell vibrieren. Unser Körper ist nicht in der Lage, sich auf solch hohe Frequenzen einzustellen. Wir müssen Funkgeräte oder Mobiltelefone verwenden, um diese Signale zu empfangen.

Denk an die Flügel eines elektrischen Ventilators. Wenn der Ventilator ausgeschaltet ist, können wir die Flügel deutlich sehen. Wenn der Ventilator eingeschaltet ist, drehen sie sich so schnell, dass wir sie nicht mehr sehen können. Aber ich garantiere dir, wenn du deine Hand hineinsteckst, wärst du überzeugt, dass sie existieren." *(Nohavec, Janet und Suzanne Giesemann. Where Two Worlds Meet: How to Develop Evidential Mediumship. Eigene Übersetzung).*

„Der Tod ist lediglich ein Übergang zu einer anderen Phase unserer ewigen Existenz. Alle Materie ist nur vorübergehend. Alles Physische ver- und zerfällt irgendwann. Zum Glück sind wir mehr als nur unsere physischen Körper. Außerhalb unserer Knochen und Haut sind wir alle spirituelle Wesen aus purer Energie. Wissenschaftler haben bewiesen, dass Energie umgewandelt, aber niemals zerstört werden kann, und das gilt auch für unseren Geist, der ewig ist. Wir haben nicht nur eine Seele, wir sind Seelen, die vorübergehend in einem vorübergehenden Körper untergebracht sind.“ *(Nohavec, Janet und Suzanne Giesemann. Where Two Worlds Meet: How to Develop Evidential Mediumship. Eigene Übersetzung).*

Das Wahrnehmen von verstorbenen Seelen ist ein faszinierendes Phänomen, das immer mehr Menschen beschäftigt. Spirituelle Medien sind in der Lage, auf energetischer Ebene Kontakt mit Verstorbenen aufzunehmen. Durch diesen Kanal können die Seelen der Verstorbenen Botschaften übermitteln, die oft auf mehr Lebenserfüllung und geistiges Wachstum abzielen. Diese Verbindungen sind für viele ein Zeichen, dass es eine Kontinuität jenseits des physischen Todes gibt.

Immer häufiger berichten Menschen aus verschiedenen Kulturen und Glaubensrichtungen von ihren Nahtoderfahrungen. Diese Erfahrungen geben den Berichten zufolge Hinweise darauf, dass unsere Existenz nicht mit dem Tod endet. Immer mehr auf-geschlossene Wissenschaftler unterstützen die Idee, dass es ein Leben nach dem Tod gibt. Ihre Forschungen deuten darauf hin, dass unsere Seele oder unser Bewusstsein eine Form der Weiterexistenz hat.

Jeder Mensch ist von einem biologischen Feld umgeben, dessen energetische Struktur durch die Quantenphysik näher beleuchtet wird. Diese Wissenschaft zeigt, dass ein unsichtbares Band zwischen der physischen und der inneren Welt existiert.

Dieses Band ermöglicht es uns, auf subtile und oft unerklärliche Weise mit der Welt jenseits des physischen Lebens in Kontakt zu treten.

Was sind mediale Fähigkeiten?

Mediale Fähigkeiten sind besondere Fähigkeiten, die es einem Menschen ermöglichen, über gewöhnliche Sinneswahrnehmungen hinaus zu kommunizieren und Informationen aus feinstofflichen oder spirituellen Ebenen zu empfangen. Diese Fähigkeiten können unterschiedlich ausgeprägt sein und umfassen eine Vielzahl von Wahrnehmungs- und Kommunikationsformen, die oft als übernatürlich oder spirituell betrachtet werden.

Im Wesentlichen bezieht sich der Begriff "medial" auf die Fähigkeit, als Vermittler oder Kanal zwischen der physischen Welt und anderen, weniger sichtbaren Dimensionen oder Ebenen der Existenz zu fungieren. Mediale Personen, oft als Medium bezeichnet, nutzen ihre Fähigkeiten, um Kontakt zu verstorbenen Personen, spirituellen Wesen oder höheren Bewusstseinsebenen aufzunehmen.

Hier sind einige der häufigsten mediale Fähigkeiten:

Klarsehen (Clairvoyance):

Die Fähigkeit, Informationen oder Bilder zu sehen, die nicht mit den physischen Augen wahrnehmbar sind. Dies kann visuelle Eindrücke oder Visionen umfassen, die in der Vorstellung des Mediums erscheinen.

Klarhören (Clairaudience):

Die Fähigkeit, Informationen durch auditive Wahrnehmungen zu empfangen. Personen mit dieser Fähigkeit können Nachrichten oder Stimmen hören, die von der spirituellen Welt kommen, auch wenn sie in der physischen Welt nicht hörbar sind.

Klarfühlen (Clairsentience):

Die Fähigkeit, Informationen durch Gefühle und Emotionen zu empfangen. Menschen mit dieser Fähigkeit können emotionale Zustände, energetische Veränderungen oder körperliche Empfindungen wahrnehmen, die mit spirituellen oder feinstofflichen Aspekten verbunden sind.

Klarwissen (Claircognizance):

Das intuitive Wissen oder die plötzliche Erkenntnis von Informationen ohne einen offensichtlichen Ursprung. Diese Fähigkeit ermöglicht es Menschen, tiefes Wissen oder Einsichten zu erhalten, ohne dass sie durch rationales Denken oder logische Schlussfolgerungen erklärt werden können.

Klarriechen (Clairaliance):

Die Fähigkeit, Informationen durch Gerüche zu empfangen. Manche Menschen können bestimmte Gerüche wahrnehmen, die mit spirituellen Entitäten oder energetischen Zuständen in Verbindung stehen.

Als Rocky starb, begann ich, meinen medialen Fähigkeiten mehr Aufmerksamkeit zu schenken. Ich hatte das Gefühl, ich „höre" ihn und manchmal habe ich ihn sogar gespürt und gesehen. Wie er für einen kleinen Moment auf einmal im Flur lag. Manche mögen denken, dass das verrückt ist, aber je mehr ich mich dem Thema öffnete, umso präsenter nahm ich Dinge wahr.

Ich begann, mich mehr und mehr für diese Themen zu interessieren, und wollte nun erlernen, wie man diese medialen Fähigkeiten ausbauen kann. Denn im Prinzip besitzt jeder von uns diese Fähigkeiten. Oft haben wir im Kindesalter diese Fähigkeiten, wo wir mehr Dinge wahrnehmen als andere. Das hängt auch oft mit der Zirbeldrüse zusammen, die mittlerweile durch Nahrung und Chemikalien bei uns „Erwachsenen" oft sehr stark zurückgebildet ist.

Die Zirbeldrüse, auch bekannt als das dritte Auge, ist eine kleine endokrine Drüse im Gehirn, die Melatonin produziert und den Schlaf-Wach-Rhythmus reguliert. Es wird oft angenommen, dass sie eine Schlüsselrolle in spirituellen Erfahrungen spielt und als Verbindung zwischen der physischen und der spirituellen Welt dient. Leider wird die Zirbeldrüse häufig durch Fluorid (oft in Zahnpasta enthalten) verkalkt. Daher nutze ich mittlerweile auch fluoridfreie Zahnpasta und achte auf gewisse Dinge mehr.

Um meine medialen Fähigkeiten weiterzuentwickeln, habe ich mir ein 1:1 Jahres Coaching bei Steve Hermann gebucht, der seit Jahren ein erfolgreiches Medium ist und mehrere Bücher veröffentlicht hat. Anfangs wollte ich einfach lernen, ob es wirklich funktioniert, weil wie cool wäre das denn, wenn man wirklich mit Toten kommunizieren kann? Und ich sage euch, ich habe seitdem einiges wahrgenommen, was mich sehr verblüfft hat und weiter dem Thema geöffnet hat. Aber das würde hier den Rahmen sprengen.

Ich möchte euch einfach nur einen kleinen Einblick geben, was alles möglich ist, wenn man wissbegierig und offen ist und Dinge hinterfragt. Gerade in diesem Bereich des Mediums gibt es viel Schindluder und Schwindel. Daher war es mir sehr wichtig, meine eigenen Erfahrungen zu machen.

Mediale Fähigkeiten können auf unterschiedliche Weise zum Einsatz kommen. Viele Menschen nutzen sie, um spirituelle Beratungen anzubieten, um Kontakte zu Verstorbenen her-zustellen oder um Menschen auf ihrem Lebensweg Unterstützung zu bieten. Sie können auch in der Kunst, in Heiltechniken oder in der psychologischen Beratung Anwendung finden.

Es ist wichtig zu betonen, dass mediale Fähigkeiten oft als persönliche und subjektive Erfahrungen betrachtet werden, die nicht immer wissenschaftlich belegt oder nachgewiesen werden können. Sie werden häufig im Kontext von spirituellen oder esoterischen Praktiken erkundet und sollten mit einer offenen, respektvollen Haltung gegenüber den Erfahrungen und Überzeugungen derjenigen betrachtet werden, die diese Fähigkeiten nutzen.

„The universe responds to truth

not manipulation.

You attract what you ARE

not what you pretend to be."

(Tara Isis Gerris)

Kapitel 6

Der Umgang mit dem Tod

Der Tod von Rocky hat mich tief erschüttert und auf eine Reise der Selbstreflexion und spirituellen Erkundung geführt, die ich nie für möglich gehalten hätte. Vor seinem Tod hatte ich zwar schon über das Ende des Lebens nachgedacht, aber erst als ich ihn verlor, begann ich, die tieferen Bedeutungen und Lektionen des Todes wirklich zu verstehen.

Als Rocky starb, fühlte ich mich wie in einem Vakuum gefangen – leer, taub und unfähig, die Realität zu begreifen. Der Verlust war überwältigend, und ich hatte das Gefühl, ein Teil meiner eigenen Seele sei mit ihm gegangen. Doch inmitten dieses tiefen Schmerzes begann ich, spirituelle Perspektiven auf den Tod zu suchen, die mir Trost und Hoffnung schenken könnten.

In den ersten Tagen nach Rockys Tod spürte ich seine Anwesenheit auf eine Weise, die ich zuvor nie erlebt hatte. In stillen Momenten fühlte ich, wie er bei mir war – nicht körperlich, aber auf einer tieferen, spirituellen Ebene. Diese Erfahrungen führten mich zu der Überzeugung, dass der Tod nicht das Ende unserer Existenz ist, sondern ein Übergang in eine andere Form des Seins.

Durch Meditation und Gebete suchte ich Trost und Verbindung zu Rocky. Es war, als ob er mich in meinen Träumen besuchte und mir Zeichen schickte, um mir zu zeigen, dass er immer noch bei mir ist. Diese spirituellen Erlebnisse halfen mir, den Schmerz des Verlustes zu verarbeiten und Frieden zu finden.

Ich begann, mich intensiv mit spirituellen Lehren auseinanderzusetzen, die mir halfen, den Tod nicht als das Ende zu sehen, sondern als einen natürlichen Teil des Lebenszyklus. Ich lernte, dass unsere Seelen miteinander verbunden bleiben, selbst wenn unsere physischen Körper getrennt sind. Diese Erkenntnis schenkte mir Trost und Hoffnung.

Philosophisch betrachtet, fordert der Tod unser Verständnis von Existenz und Realität heraus. Sokrates sah den Tod als Befreiung der Seele vom Körper und als Gelegenheit, wahres Wissen zu erlangen. Epikur betrachtete den Tod als Zustand der Nichtexistenz, der weder Freude noch Leid mit sich bringt und daher keine Angst verdient. Diese philosophischen Perspektiven halfen mir, den Tod als natürlichen Teil des Lebens zu akzeptieren.

Doch es war die spirituelle Perspektive, die mir den größten Trost schenkte. Viele spirituelle Traditionen lehren, dass der Tod ein Übergang in eine andere Daseinsebene ist. Diese Vorstellungen halfen mir, den Verlust von Rocky zu ertragen und Trost in der Idee eines fortdauernden Seins zu finden.

Rockys Tod führte mich auf einen spirituellen Weg, der mir half, meine Trauer zu verarbeiten und inneren Frieden zu finden. Ich erkannte, dass der Tod nicht als Feind betrachtet werden muss, sondern als Einladung zur spirituellen Weiterentwicklung. Diese Reise hat mir gezeigt, dass unsere Seelen durch den Tod nicht getrennt werden, sondern in einer tieferen Verbindung bleiben.

Durch diese Erfahrungen habe ich gelernt, dass der Schmerz des Verlustes uns auch öffnen kann für neue spirituelle Erkenntnisse und Verbindungen. Rockys Vermächtnis lebt in mir weiter, und seine spirituelle Präsenz begleitet mich auf meinem Weg.

„Der Hund ist das einzige Wesen auf Erden,

das dich mehr liebt,

als sich selbst."

(Josh Billings)

Schuldgefühle, wenn die Tränen ausbleiben

Als mir die Nachricht der Ärztin überbracht wurde, dass Rocky tot ist, war ich wie erstarrt. In diesem Moment, als die Realität des Verlustes mich mit voller Wucht traf, konnte ich nicht weinen. Die Tränen blieben aus, und ich fühlte mich leer und taub. Es war, als ob mein Körper und Geist sich weigerten, das Unausweichliche zu akzeptieren. Diese Reaktion überraschte mich nicht wirklich, da ich das alles auch gar nicht begreifen konnte. Es war so unecht für mich. Wie, Tod? Eben war er doch noch da? Ich konnte nur still dastehen, unfähig, auch nur einen Laut von mir zu geben.

Ich weiß noch, wie wir draußen vor der Klinik standen und auf meinen Bruder warteten. Währenddessen kam eine ältere Frau auf mich zu, die das ganze Geschehen beobachtet hatte, und sie fragte mich, was passiert sei. Ich antwortete ganz gefasst, ohne die Worte aus meinem Mund selbst weder zu glauben noch zu verstehen: „Mein Hund ist gerade gestorben." Sie war erschütterter als ich, so kam es mir in diesem Moment zumindest vor.

Die Welt schien um mich herum zu verschwimmen, und ich fühlte mich seltsam losgelöst von der Situation. In diesen ersten Stunden und Tagen nach Rockys Tod war ich gefangen in einer Art Schockzustand. Obwohl ich wusste, dass ich tiefen Schmerz empfand, konnte ich ihn nicht ausdrücken. Stattdessen überkam mich eine seltsame, lähmende Stille.

Erst in den Tagen danach, als der Schock nachließ und die Realität langsam einsickerte, begann ich mehr und mehr zu weinen. Die Tränen kamen plötzlich und unaufhaltsam, als hätte eine innere Barriere nachgegeben. Ich erinnere mich an Nächte, in denen ich weinend einschlief, überwältigt von der Trauer und dem Verlust. Die Tage verliefen wie in einem Nebel, und es schien, als ob nichts mehr Sinn machte. Es war, als wäre ein großer Teil von mir mit Rocky gegangen.

Das Fehlen von Tränen unmittelbar nach der Nachricht kann bei vielen oft Schuldgefühle auslösen. So war es zwar in meinem Fall nicht, aber des Öfteren habe ich das von anderen schon gehört. Ich lernte, dass Trauer ein komplexer und individueller Prozess ist. Jeder Mensch reagiert anders auf Verlust, und es gibt kein festgelegtes Muster dafür, wie und wann man trauern sollte.

Die Tage nach Rockys Tod waren eine Zeit der Selbstreflexion und des emotionalen Aufruhrs. Ich erkannte, dass meine anfängliche Unfähigkeit zu weinen nicht mangelnde Liebe bedeutete, sondern eher ein Schutzmechanismus meines Körpers und Geistes war. Der Schock und die Taubheit waren eine vorübergehende Reaktion auf das Unvorstellbare. Als die Realität allmählich sank, konnte ich die Tränen fließen lassen, und es war ein befreiender, wenn auch schmerzhafter Prozess.

Diese Erfahrung lehrte mich, dass es in der Trauer keine festen Regeln gibt. Manchmal kommen die Tränen sofort, manchmal erst später, manchmal gar nicht. Was zählt, ist, dass wir uns erlauben, den Schmerz auf unsere Weise zu fühlen und zu verarbeiten. Es ist wichtig, sich nicht für die eigene Art der Trauer zu verurteilen oder sich unter Druck zu setzen, einem bestimmten Muster zu entsprechen. Die Liebe und der Schmerz sind real, unabhängig davon, wie sie sich äußern.

In dieser Zeit wurde mir auch bewusst, dass es wichtig ist, sich selbst zu vergeben und die eigenen Gefühle anzunehmen. Trauer ist nicht immer laut oder sichtbar; sie kann sich auch in Stille und innerem Schmerz ausdrücken. Die Tage nach dem Verlust waren eine Zeit der Heilung und des Lernens. Ich lernte, auf meine eigene Art zu trauern.

Wenn du dich in einer ähnlichen Situation befindest und nicht sofort weinen kannst, sei dir sicher, dass das keine Schwäche oder mangelnde Liebe bedeutet. Jeder Mensch trauert anders, und es gibt kein "richtig" oder "falsch". Wichtig ist, dass du dir die Zeit gibst, deine Gefühle zu verstehen und zu verarbeiten, auf welche Weise auch immer sie sich zeigen. Trauer ist ein Teil des Heilungsprozesses, und es ist in Ordnung, sie auf deine eigene Art zu durchleben.

Wie der Verlust meine Sichtweise verändert hat

Der Verlust von Rocky war ein Wendepunkt in meinem Leben, der nicht nur Trauer, sondern auch tiefgreifende Veränderungen in meiner Sichtweise und meinem Verständnis vom Leben ausgelöst hat. Diese Erfahrung hat mir gezeigt, dass der Tod nicht das Ende ist, sondern ein Teil des natürlichen Zyklus, den wir alle durchlaufen. Dabei wurde mir bewusst, wie wichtig es ist, jeden Moment zu schätzen und das Thema Tod nicht als Tabu zu betrachten, sondern als etwas, das offen thematisiert werden sollte.

Durch Rockys plötzlichen Tod wurde mir schmerzlich bewusst, wie vergänglich das Leben ist. Diese Erkenntnis hat mich dazu gebracht, das Leben mehr zu schätzen und jeden Augenblick bewusster zu erleben. Ich habe gelernt, wie wichtig es ist, dankbar für die kleinen und großen Momente im Leben zu sein und sie nicht als selbstverständlich zu betrachten. Diese Dankbarkeit hilft mir, das Hier und Jetzt mehr zu genießen und mich auf das zu konzentrieren, was wirklich zählt.

In unserer Gesellschaft wird der Tod oft als unangenehmes Thema behandelt, das man lieber meidet. Doch Rockys Tod hat mir gezeigt, wie wichtig es ist, offen über den Tod zu sprechen. Er gehört zum Leben dazu, und das Akzeptieren dieser Tatsache kann uns helfen, besser mit Verlusten umzugehen. Ich glaube, dass es wichtig ist, Raum für Gespräche über den Tod zu schaffen, um unsere Ängste zu verringern und ein tieferes Verständnis für den Lebenszyklus zu entwickeln.

Eine der tiefsten Einsichten, die ich durch den Verlust von Rocky gewonnen habe, ist die Überzeugung, dass der Tod nicht das Ende ist. Ich habe das Gefühl, dass Rockys Seele weiterhin in meiner Nähe ist und mich begleitet. Diese Überzeugung gibt mir Trost und Hoffnung, und sie hat meine Sichtweise auf das Leben und den Tod grundlegend verändert. Die Vorstellung, dass die Seelen unserer Lieben weiter unter uns weilen, gibt mir das Gefühl, dass die Bindungen, die wir zu Lebzeiten knüpfen, über den Tod hinaus Bestand haben.

Der Verlust hat auch mein Mitgefühl und meine Empathie für andere gestärkt. Die Erfahrung des Verlusts hat mir gezeigt, dass jeder Mensch mit seinen eigenen Herausforderungen und Schmerzen zu kämpfen hat, auch wenn man es auf den ersten Blick nicht sieht. Diese Erkenntnis hat meine Fähigkeit gestärkt, mitfühlender und verständnisvoller gegenüber anderen zu sein. Ich versuche, weniger schnell zu urteilen und mehr zuzuhören, besonders in schwierigen Situationen.

In der Zeit nach Rockys Tod habe ich erkannt, wie wichtig es ist, auf sich selbst Acht zu geben und sich Zeit zu nehmen, um zu heilen. Ob es durch Gespräche mit Freunden, das Schreiben dieses Buches oder das Finden neuer Hobbys ist – ich habe gelernt, dass es wichtig ist, Wege zu finden, um sich selbst zu unterstützen und zu pflegen. Diese Selbstfürsorge ist nicht nur ein Akt der Selbstliebe, sondern auch ein notwendiger Schritt zur Heilung und zum Weitergehen.

Eine der schönsten und gleichzeitig schmerzhaftesten Erkenntnisse, die ich durch den Verlust von Rocky gewonnen habe, ist die Kraft der Erinnerung. Erinnerungen an die gemeinsame Zeit mit ihm haben mir nicht nur Trost gespendet, sondern mir auch gezeigt, wie wichtig es ist, diese Momente zu bewahren. Sie sind wie kleine Schätze, die ich immer bei mir tragen werde. Diese Erkenntnis hat mich auch dazu inspiriert, bewusster zu leben und wertvolle Momente aktiv zu schaffen, an die ich mich erinnern möchte.

Der Verlust von Rocky war ein schmerzhafter Einschnitt in meinem Leben, aber er hat mich auch zu einem tieferen Verständnis meiner selbst und der Welt um mich herum geführt. Diese Veränderungen sind Teil von Rockys Vermächtnis, und sie haben mir geholfen, eine neue Perspektive auf das Leben zu gewinnen, die ich mit dir teilen möchte.

Rituale und Praktiken, die mir geholfen haben

Nach Rockys Tod suchte ich nach verschiedenen Wegen, um mit meiner Trauer umzugehen und Heilung zu finden. Ein wichtiger Aspekt dabei war, Zeit mit mir selbst zu verbringen und mich intensiv mit meinen Gefühlen auseinanderzusetzen. Ich begann, mich der Meditation zuzuwenden, indem ich regelmäßig in Stille saß und durch meine Emotionen ging. Diese Praxis half mir, meine Gefühle bewusst wahrzunehmen und zu verstehen, warum mich bestimmte Dinge triggerten. Durch das Aufschreiben meiner Gedanken konnte ich Klarheit gewinnen und besser mit meinem inneren Aufruhr umgehen.

Ein weiterer entscheidender Schritt in meinem Heilungsprozess war die Beschäftigung mit dem Thema Hypnose. Eigentlich begann alles ziemlich spontan und unvorbereitet, aber ich glaube fest daran, dass im Leben nichts zufällig geschieht, sondern dass das Leben immer FÜR uns spielt und uns wachsen lassen möchte. Meine Freundin Mireille, die wundervolle Energiearbeit leistet, fragte mich eines Tages, ob ich Interesse hätte, mit ihr eine Hypnoseausbildung zu machen. Da wir in der Vergangenheit schon viele Weiterbildungen im Bereich Persönlichkeitsentwicklung zusammen gemacht hatten und ich neugierig war, ob Hypnose wirklich funktioniert und wie sie wirkt, sagte ich spontan zu. Es war eine der besten Entscheidungen, die ich getroffen habe, denn Hypnose wurde ein fester Bestandteil meines Heilungsprozesses.

Hypnose ist ein Zustand tief entspannter Konzentration, der es ermöglicht, das Unterbewusstsein zu öffnen und direkt mit ihm zu kommunizieren. Unser Unterbewusstsein steuert schätzungsweise 90-95% unserer täglichen Entscheidungen und Handlungen, wie zum Beispiel das Autofahren, Zähneputzen oder das Binden von Schnürsenkeln, ohne dass wir aktiv darüber nachdenken. Durch Hypnose können wir Zugang zu diesem tiefen inneren Bewusstsein erhalten und tief sitzende Glaubenssätze, Gewohnheiten oder emotionale Blockaden auflösen. Dies kann besonders hilfreich sein, um Ängste, Phobien, negative Verhaltensmuster oder unverarbeitete Traumata zu bearbeiten. In einem hypnotischen Zustand ist man besonders empfänglich für positive Suggestionen und kann neue, konstruktive Denk- und Verhaltensweisen leichter verankern.

Die Hypnose half nicht nur mir in der Trauerzeit, sondern ermöglichte es mir auch, anderen Menschen zu helfen, ihre Ängste, Blockaden oder Traumata aufzulösen. Es war unglaublich erfüllend zu sehen, wie Menschen durch Hypnose Frieden und Klarheit fanden, und es verstärkte mein Vertrauen in die Kraft dieser Methode. Die Entscheidung, Hypnose in mein Leben zu integrieren, hat mich nicht nur persönlich bereichert, sondern mir auch eine neue Perspektive auf Heilung und Selbstentwicklung gegeben.

„Die Trauer ist der Preis,

den wir für die Liebe zahlen."

(Queen Elizabeth II)

Kapitel 7

Trost und Unterstützung für andere

In meiner eigenen Reise durch die Trauer habe ich erfahren, wie hilfreich es sein kann, Unterstützung zu finden und selbst anderen beizustehen. Eine besonders kraftvolle Methode, die mir auf diesem Weg geholfen hat und die ich auch anderen ans Herz legen möchte, ist die Hypnose.

Hypnose ist eine bewährte Technik, die das Unterbewusstsein öffnet und uns dabei hilft, tief verwurzelte Emotionen und Blockaden zu bearbeiten. Während der Hypnose gelangen wir in einen entspannten und fokussierten Bewusstseinszustand, der es ermöglicht, auf tiefere Ebenen der Seele zuzugreifen. Hier können wir positive Veränderungen initiieren, Ängste abbauen und emotionale Blockaden lösen. Eine erstaunliche Tatsache ist, dass der Großteil unserer täglichen Entscheidungen und Reaktionen unterbewusst gesteuert wird – etwa 95 Prozent. Zum Beispiel greifen wir oft automatisch nach dem Frühstück, das uns vertraut ist, oder reagieren instinktiv auf Stresssituationen, ohne bewusst darüber nachzudenken.

Die Online-Hypnose erweitert die Möglichkeiten, wie wir diese wertvolle Methode nutzen können. Sie ist nicht auf physische Präsenz oder einen bestimmten Ort beschränkt, sondern kann durch moderne Kommunikationsmittel wie Videoanrufe oder Telefonate durchgeführt werden.

Diese Flexibilität bietet enorme Vorteile, insbesondere für Menschen, die aufgrund von Entfernung oder gesundheitlichen Einschränkungen nicht zu persönlichen Sitzungen kommen können. In der vertrauten Umgebung des Klienten wird durch den Bildschirm oder das Telefon eine entspannende Atmosphäre geschaffen, die es dem Klienten ermöglicht, sich tief zu entspannen und die Hypnosesitzung effektiv zu erleben.

Die Online-Hypnose bewahrt die wesentlichen Prinzipien der Hypnose: Induktion, Vertiefung und Durchführung erfolgen ebenso gründlich wie bei persönlichen Sitzungen. Der Hypnosetherapeut kann individuell auf die Bedürfnisse des Klienten eingehen, die gleiche Qualität der Unterstützung bieten und sicherstellen, dass die Sitzung vertraulich und professionell bleibt.

Durch Hypnose habe ich nicht nur meine eigene Trauer besser verarbeitet, sondern durfte auch vielen anderen Menschen helfen, Ängste, Blockaden und emotionale Traumata zu lösen. Die Möglichkeit, diese Methode online anzubieten, erweitert den Zugang und die Flexibilität für Menschen, die in schwierigen Zeiten Unterstützung suchen.

Wenn du mehr über die Möglichkeiten der Hypnose erfahren möchtest oder Unterstützung in deiner Trauer benötigst, kannst du gerne eine Anfrage per E-Mail an *hypno.alves@gmail.com* senden. Hypnose kann eine bedeutende Hilfe sein, um in schweren Zeiten Trost zu spenden und Heilung zu ermöglichen – unabhängig davon, ob die Sitzung persönlich oder online durchgeführt wird. Es ist eine Möglichkeit, sich den Herausforderungen der Trauer zu stellen und den Weg zur inneren Stärke und Erneuerung zu finden.

In Zeiten der Trauer kann es eine große Herausforderung sein, die richtigen Worte oder Taten zu finden, um anderen beizustehen.

Der Verlust eines geliebten Menschen oder Tieres kann überwältigend sein, und oft fühlt man sich hilflos oder unsicher darüber, wie man unterstützen kann. Doch es gibt viele Wege, wie man Trost und Unterstützung bieten kann, selbst wenn es oft schwierig ist, die richtige Balance zu finden.

Gerne öffne ich mein Herz und biete dir meine Unterstützung durch Hypnose an, um einen Raum zu schaffen, in dem Heilung und Trost möglich werden.

Schreib mir gerne auf die E-Mail *hypno.alves@gmail.com* deine Anfrage und ich erzähle dir gerne mehr darüber.

„Die Liebe eines Hundes ist das einzige,

was eine Seele durch die Jahre hindurch

begleiten kann, ohne zu verblassen."

(**Mark Twain**)

Kapitel 8

Rockys Vermächtnis

Als Rocky von uns ging, hinterließ er eine Leere, die sich nicht nur in meiner täglichen Routine, sondern auch in meinem Herzen bemerkbar machte. Doch selbst im Tod bleibt er auf eine wunderbare Weise ein Teil meines Lebens. Rockys Vermächtnis lebt in vielen kleinen und großen Momenten weiter, die mich immer wieder daran erinnern, wie tief und stark unsere Verbindung war.

Rockys Präsenz zeigt sich oft in den alltäglichen Dingen, die für mich eine besondere Bedeutung haben. Besondere Erinnerungen und Gefühle, die er mir gab, wenn ich seine Nähe suchte, sind nicht nur Spuren der Vergangenheit, sondern lebendige Erinnerungen, die mich trösten und begleiten. Besonders bedeutend ist die Art und Weise, wie Rocky mich weiterhin in Momenten der Reflexion und Einsamkeit unterstützt. In Zeiten, in denen ich mich verloren oder unsicher fühle, spüre ich oft seine beruhigende Präsenz. Ob es sich um ein Gefühl von Wärme und Geborgenheit handelt oder um einen vertrauten Gedanken, der mir Kraft gibt, Rockys Einfluss ist immer spürbar. Seine Liebe und Loyalität, die er mir zu Lebzeiten geschenkt hat, sind immer noch Teil meines täglichen Lebens. Diese unsichtbaren Fäden verbinden uns und erinnern mich daran, dass seine Seele immer noch bei mir ist.

Ein weiteres Zeichen von Rockys fortwährender Präsenz ist die Art und Weise, wie er mir in meinen spirituellen und emotionalen

Reisen begegnet. Die kleinen Zeichen und Zufälle, die ich erlebe, scheinen oft wie Botschaften von ihm zu sein. Ob es sich um eine besondere Feder am Strand handelt, die ich als Zeichen seiner Nähe interpretiere, oder um Momente der Ruhe und Einsicht, die mir das Gefühl geben, dass er mich weiterhin auf meinem Weg begleitet – all dies sind Erinnerungen, die mir helfen, die Trauer zu überwinden und seine Liebe in meinem Herzen lebendig zu halten.

Ich glaube fest daran, dass wir eines Tages mit unseren Liebsten wieder vereint sein werden. Dieser Gedanke gibt mir Trost und Hoffnung. Es ist der Glaube, dass die Verbindung, die wir zu Lebzeiten erfahren haben, über den Tod hinaus besteht und dass wir eines Tages wieder zusammenfinden werden. Rockys Einfluss zeigt sich auch in den Dingen, die ich tue, um sein Andenken zu ehren. Ich habe mich bewusst dafür entschieden, seine Erinnerung in meinem Leben zu integrieren, sei es durch Rituale, die wir gemeinsam durchgeführt haben, oder durch die Art und Weise, wie ich mit anderen über ihn spreche. Durch diese Handlungen halte ich seine Präsenz lebendig und ehre das Vermächtnis, das er mir hinterlassen hat.

Rockys Vermächtnis ist also nicht nur in den Erinnerungen an die Zeit, die wir zusammen verbracht haben, sondern auch in den vielen Wegen, auf denen er mir immer noch begegnet, lebendig. Er hat mir gezeigt, dass Liebe und Verbundenheit über den Tod hinaus bestehen können und dass wir die Menschen oder Tiere, die uns so tief berührt haben, auf ihre eigene Weise weiter in unserem Leben tragen können. Rockys Geschichte ist ein Zeugnis dafür, dass wahre Liebe und tiefe Verbindung uns auch über den physischen Tod hinaus begleiten können.

Was du für dich mitnehmen kannst

Erkenne und schätze Liebe und Verbundenheit:

Die tiefe Verbindung zu Rocky zeigt dir, wie wertvoll und bedeutend deine Beziehungen sind. Nimm dir bewusst Zeit, um deine eigenen Beziehungen zu pflegen und zu schätzen. Diese tiefen Bindungen sind kostbar und verdienen deine Aufmerksamkeit.

Finde Hoffnung und Trost:

Der Glaube an ein Wiedersehen mit deinen geliebten Wesen nach dem Tod kann dir Trost spenden. Lass diesen Gedanken zu, um deine Trauer zu verarbeiten und die Hoffnung auf ein Wiedersehen zu bewahren. Dieser Glaube kann dir helfen, den Verlust als Teil eines größeren Ganzen zu sehen.

Erkenne Zeichen der Liebe und Verbindung:

Rockys Zeichen nach seinem Tod erinnern dich daran, auch in deinem eigenen Leben nach subtilen Botschaften und Zeichen von Verstorbenen Ausschau zu halten. Diese Zeichen können dir Trost spenden und eine Verbindung zur spirituellen Dimension deines Lebens herstellen.

Bewahre wertvolle Erinnerungen:

Die Erinnerungen an Rocky sind ein wertvoller Schatz. Bewahre deine eigenen Erinnerungen an geliebte Personen oder Tiere auf, sei es durch Fotos, Rituale oder persönliche Gegenstände. Diese Erinnerungen können dir Freude und Trost spenden.

Sei authentisch :

Rockys Fähigkeit, dich in deinem wahren Selbst zu erleben, betont die Bedeutung von Authentizität. Lass deine wahren Gefühle und Gedanken zu, ohne dich hinter Masken oder Fassaden zu verstecken. Echtheit fördert tiefere und bedeutungsvollere Beziehungen.

Genieße den Moment und lebe im Jetzt:

Die täglichen Momente mit Rocky erinnerten dich daran, den Augenblick zu schätzen. Lerne, bewusst im Hier und Jetzt zu leben und jeden Moment zu genießen, anstatt dich in Sorgen über die Zukunft oder Vergangenem zu verlieren.

Kümmere dich um dich selbst und deine Heilung:

Der Trauerprozess ist entscheidend für deine Heilung. Nimm dir Zeit und Raum, um deine Trauer zu verarbeiten, und scheue dich nicht, Unterstützung zu suchen, wenn du sie brauchst. Selbstfürsorge und das Anerkennen deiner eigenen Trauer sind wichtig für deine Heilung.

Glaube an eine spirituelle Dimension:

Rockys Vermächtnis ermutigt dich, an eine spirituelle Dimension des Lebens zu glauben. Wenn dich diese Perspektive anspricht, beginne oder vertiefe deine eigene spirituelle Reise, um mehr über das Leben nach dem Tod oder die fortwährende Präsenz von Verstorbenen zu erfahren.

Übe Dankbarkeit und Wertschätzung:

Das Buch erinnert dich daran, wie wichtig es ist, Dankbarkeit für die Zeit und Erfahrungen mit geliebten Wesen zu zeigen. Lass dich von Rockys Vermächtnis inspirieren, mehr Dankbarkeit in deinem Leben zu praktizieren, sei es durch kleine Gesten der Wertschätzung oder durch das Bewusstsein für die positiven Einflüsse, die andere auf dein Leben haben.

Diese Tipps sollen dir helfen, das Vermächtnis von Rocky in deinem eigenen Leben zu integrieren und es als Quelle für persönliches Wachstum, Trost und tiefere Verbindungen zu nutzen.

„Things end to begin again."

(unbekannt)

Kapitel 9

Die Reise geht weiter

Rocky war von Anfang an etwas ganz Besonderes für mich, und der Abschied von ihm traf mich wie ein Schlag ins Gesicht – vor allem, weil sein Tod so unerwartet kam und weil er für mich so einzigartig war. Irgendwie wollte ich Rocky weiter in mir tragen, besser gesagt, auf mir tragen, denn im Herzen lebt er immer weiter, das weiß ich. Aber ich entschloss mich, mein Herz auch auf der Haut zu tragen, und beschloss, bei der wundervollen Theresa (gunstundtinte) einen Termin für mein allererstes und bisher einziges Tattoo zu vereinbaren. Theresa hatte mir bereits zuvor Rocky auf Papier gezeichnet und stand gerade am Anfang ihrer Reise, ihr eigenes Tattoo-Studio zu eröffnen. Also war für mich klar: Wenn, dann bei ihr.

Ich schickte ihr zwei, drei Fotos und ließ mich überraschen. Der Termin fiel zufällig genau auf Rockys eigentlichen 5. Geburtstag, was für mich eine besondere Bedeutung hatte, da sie an diesem Tag den ersten freien Termin hatte. So brachte dieser Tag noch eine wundervolle Erinnerung mit sich. Ich ließ mir Rocky auf meinem linken Unterarm tätowieren, mit dem Widder-Sternbild über seinem Kopf, da er im April geboren wurde. Theresa setzte mein Wunschmotiv einfach wunderschön um – genau so, wie ich es mir vorgestellt hatte.

Jedes Mal, wenn ich jetzt auf mein Tattoo schaue, erinnere ich mich an die wunderbaren Momente, die wir zusammen hatten. Es ist, als ob ein Teil von Rocky immer bei mir ist, mich durch die Höhen und Tiefen des Lebens begleitet und mir Kraft gibt, wenn ich sie am meisten brauche. Dieses Tattoo ist nicht nur ein Bild auf meiner Haut, sondern ein Symbol der ewigen Verbindung, die ich mit Rocky habe. Es erinnert mich daran, dass Liebe und Freundschaft den Tod überdauern können und dass Rockys Geist immer in meinem Herzen weiterlebt.

Die Reise mit Rocky mag in physischer Form beendet sein, aber seine Seele bleibt ein Teil von mir. In den kleinen Dingen des Alltags spüre ich seine Gegenwart – in der Sonne, die durch die Bäume scheint, im Lachen eines Kindes oder im sanften Rauschen des Windes. Es sind diese Momente, in denen ich weiß, dass Rocky noch immer an meiner Seite ist.

Der Verlust eines geliebten Haustieres ist niemals einfach, doch ich habe gelernt, dass ihre Liebe und die Erinnerungen, die wir teilen, für immer in uns weiterleben. Diese Erkenntnis hat mir geholfen, nach vorne zu schauen und mein Herz für neue Abenteuer und Freundschaften zu öffnen.

Eines Tages, so glaube ich fest, werden wir alle wieder mit unseren Liebsten vereint sein. Bis dahin trage ich Rocky nicht nur in meinem Herzen, sondern auch sichtbar auf meiner Haut, als ständige Erinnerung daran, dass wahre Freundschaft und Liebe niemals sterben.

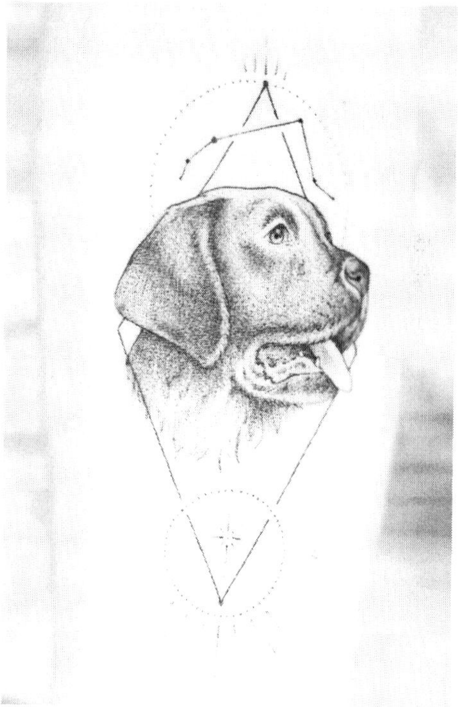

Tattoo Art by Theresa
(gunstundtinte)

*„Everything in me has changed,
yet I am more me than ever."*

(unbekannt)

Kapitel 10

Danksagungen

In diesem Moment, in dem ich die letzten Zeilen dieses Buches schreibe, möchte ich meine tiefste Dankbarkeit aussprechen. Dieses Kapitel ist für alle, die mir auf dieser Reise durch den Schmerz und die Heilung beigestanden haben. Ohne eure Unterstützung und eure Liebe wäre dieses Buch nicht das, was es heute ist.

Zuerst gilt mein innigster Dank meiner Familie, meinem Freund und meinen Freunden. Ihr habt mir in den dunkelsten Stunden Licht geschenkt und mich unermüdlich unterstützt. Eure Liebe und Geduld haben mich durch den schweren Weg des Verlustes getragen.

Besonders meinen Eltern möchte ich danken. Ihr seid mein stetiger Ansporn, immer weiterzumachen, aus Niederlagen stärker hervorzugehen und meinen „Kopf hoch zu tragen, auch wenn der Hals dreckig ist“. Durch euch habe ich gelernt, Verantwortung zu übernehmen – sowohl für mich selbst als auch für ein so wundervolles Lebewesen wie Rocky. Ihr seid die besten Eltern und Großeltern für meine Hunde.

Danke an meine Mama Luzi , die für mich der Inbegriff bedingungsloser Liebe ist. Ihre Unterstützung und ihre tiefe Verbundenheit mit Rocky haben geholfen die Trauer zu überwinden. Danke Mama, dass du mich in allem unterstützt und mein größter Supporter bist. Für mich bist du die beste Mama und wenn ich nur halb so bin wie du, bin ich schon mehr als perfekt denn sie ist für mich die wundervollste Mama und Frau zur der ich gerne mit stolz aufblicke. Auch sie hat einen treuen besten Freund in Rocky finden dürfen, der ihr auch in schweren Zeiten beistand.

Auch meinen Papa Vittorio danke ich von Herzen. Seine Stärke hat mich gelehrt, mich durch schwierige Situationen zu kämpfen und immer mein Bestes zu geben. Er hat mir gezeigt, wie wichtig es ist, anderen mit Respekt zu begegnen und stets stark zu bleiben. Von ihm habe ich so viel gelernt und bin ihm unendlich dankbar für alles. Er ist für mich die Definition von stark und immer hilfsbereit. Mein großes Vorbild, der beste Papa, der beste Pizzabäcker und der tollste Opa für Rocky, Sammy und Stella.

Ein besonderer Dank geht auch an meinen Stiefvater Julio, den ich hier ebenfalls als Papa erwähne, da er für mich genauso wichtig ist wie mein leiblicher Vater. Ich habe das Glück einfach zwei Papas zu haben, die beide die besten Väter der Welt sind. Danke an dich Julio, der immer für Rocky da war, der ihm immer tolle Leckerlis vom Balkon zum Fangen runtergeworfen hat, der für mich der Innbegriff von Stolz und Perfektion ist. Bei ihm gibt es keine halben Sachen. Du hast mir beigebracht, Dinge mit Leidenschaft und Hingabe anzugehen und die künstlerische Ader in mir gefördert. Deine Unterstützung war ein entscheidender Grund dafür, dass dieses Buch überhaupt entstanden ist. Du hast mir auch geholfen, an das Leben nach dem Tod zu glauben und die spirituelle Seite unseres Seins zu verstehen.

Danke auch an meinen kleinen Bruder Marco, der mir immer zeigt, wie wichtig es ist, an sich selbst zu glauben. Du bist mein Fels in der Brandung, auf den ich immer zählen kann. Danke, dass du der beste Bruder und der tollste Onkel für Rocky warst. Früher als wir Kinder waren, sprachen wir immer darüber, dass wir mal einen golden Retriever als Hund haben wollten. Dann wurde es ein Labbi durch den Marco auch seine ersten Erfahrungen mit Hunden machen konnte. Marco ist für mich meine tägliche Inspiration, mich persönlich immer weiterzuentwickeln, andere Menschen zu inspirieren mehr aus sich rauszuholen und wie er immer sagt, „das volle Potential aus sich und anderen zu schöpfen". Danke Marco für alles. Ich bin stolz, dich an meiner Seite zu haben.

Viktoria, die Freundin meines Bruders und meine beste Freundin, danke ich für deine unermüdliche Liebe und dafür, dass du die beste Tante für Rocky warst. Du hast immer wieder gezeigt, wie wichtig es ist, eine wundervolle Freundin an seiner Seite zu haben, die stets zur Stelle ist. Danke für deine unermüdliche Liebe und dass du die beste Tante für Rocky warst und auch für Sammy und Stella die besten Spiegeleier machst. Gemeinsam mit dir kann man Pferde stehlen (...und gewisse andere Dinge auch :)). Gemeinsam haben wir viele schöne Erinnerungen geschaffen, und ich schätze mich glücklich, dich in meinem Leben zu haben.

Mein Dank gilt auch meinem Freund Nhaddi, der Rocky zwar nur sechs Monate kennenlernen konnte, aber in der Rolle des Hundepapas so wundervoll aufgeblüht ist. Ich weiß noch wie er mehr weinte wie ich, als Rocky verstarb und ich so gerührt war, wie sehr ihm Rocky in nur so kurzer Zeit ans Herz gewachsen ist. Ich habe noch seine Stimme im Kopf: „Rocky hat uns vertraut, wir sollten doch auf ihn aufpassen..." in Tränen enttäuscht, über was gerade passiert ist. Danke, dass du immer für mich da bist und mich wirklich in ALLEN meiner verrücktesten Ideen unterstützt und ein wundervoller Freund bist.

Danke an meine Omas , von denen ich die leidenschaftliche Liebe zu Hunden geerbt habe. Sie haben mir schon von klein auf gezeigt, dass diese Liebe etwas ganz Besonderes ist. Ihre starken Persönlichkeiten haben mir geholfen, meinen eigenen Weg zu finden.

Mireille, danke für deine spirituelle Begleitung und deine sanften Ratschläge, die mir geholfen haben, Rockys Vermächtnis auf eine neue Art und Weise zu verstehen. Deine Unterstützung war ein Licht in der Dunkelheit und hat mir geholfen, meinen Weg zu finden. Danke, dass du mir gezeigt hast, wie wichtig es ist, Zeichen und Botschaften zu erkennen und anzunehmen.

Ein herzlicher Dank geht auch an meinen Fitnesstrainer Oktay, der mich seit Anfang des Jahres dabei unterstützt, zu mir selbst zurückzufinden und meinen Körper zu stärken und an meine Grenzen zu gehen. Sein Hund im Himmel heißt auch Rocky und ihm bin ich für sehr vieles dankbar. Er zeigt mir, wieder an mich zu glauben, und immer ein offenes, pures Herz für Tiere zu haben. Danke Oktay, dass du in mein Leben getreten bist.

Steve Hermann, mein Lehrer für Mediumship, danke ich für die vielen Monate des Lernens und der Führung. Deine Lehren haben mir geholfen, meinen Kanal für die Wahrnehmung von Seelen zu öffnen und ein tieferes Verständnis für die spirituelle Welt zu entwickeln.

Ein großes Dankeschön möchte ich auch den Autoren und spirituellen Lehrern aussprechen, deren Werke mir neue Ein-sichten geschenkt haben. Eure Worte haben mein Herz berührt und mir geholfen, den Verlust auf eine Weise zu begreifen, die Trost und Hoffnung spendet. Ihr habt mir gezeigt, dass die Liebe, die wir geben und empfangen, niemals vergeht.

An euch, liebe Leser, gilt mein größter Dank. Eure Bereitschaft, in meine Geschichte einzutauchen und sie mit mir zu teilen, bedeutet mir mehr, als Worte ausdrücken können. Es ist mein tiefster Wunsch, dass die Erfahrungen und Gedanken, die ich in diesem Buch festgehalten habe, euch Trost spenden und euch in eurer eigenen Reise durch den Verlust unterstützen.

Rocky, mein allerbester Freund, mein kleines Baby, mein Rockinho – ich danke dir von Herzen. Du hast mir so viel Liebe und Freude geschenkt, und obwohl du nicht mehr physisch bei mir bist, spüre ich deine Präsenz in meinem Herzen. Dein Vermächtnis lebt in jedem Schritt, den ich gehe, und in jedem Moment der Dankbarkeit, den ich empfinde. Deine bedingungslose Liebe hat mein Leben bereichert und mir gezeigt, wie tief und wahr echte Verbindung sein kann.

Sammy, unser Zweithund, der mir half, die Trauer zu überwinden, der auch in den tiefsten Stunden da war und gezeigt hat, dass das Leben weitergehen muss: Danke, dass du ein Stück weit Rocky weiter in dir aufleben lässt, dass du mich persönlich mit neuen Aufgaben hast wachsen lassen und mir gezeigt hast, dass die Liebe nicht etwas ist, was sich verbraucht. Denn auch dich liebe ich mit ganzem Herzen. Danke, dass du ein wundervoller großer Bruder für Stella bist und so viel von Rocky gelernt hast.

Auch danke an Stella, unseren Wirbelwind – ebenfalls ein Labrador in Foxred, aber mit einem komplett anderen Charakter als Rocky. Bewusst haben wir uns für dich entschieden, weil wir die ruhige Art der Labradoren so lieben gelernt haben. Anfangs hatte ich Bedenken, ob es den Schmerz vergrößern würde, sich wieder einen Labrador zuzulegen und ob man nicht zu oft Vergleiche ziehen würde. Aber danke, dass du anders bist, und die ruhige Ader der Labradore ist an dir spurlos vorbeigegangen :). Denn du bist unser kleiner Wirbelwind, und du bist wundervoll und perfekt auf deine eigene Art und Weise. Durch dich, meine erste Hündin, darf ich ebenfalls viel Neues lernen.

Abschließend möchte ich allen danken, die auf irgendeine Weise zur Entstehung dieses Buches beigetragen haben – sei es durch direkte Unterstützung, durch eure eigenen Geschichten oder einfach durch euer Mitgefühl. Eure Beiträge haben dieses Buch zu etwas ganz Besonderem gemacht.

Möge dieses Buch ein Licht für alle sein, die Trost und Hoffnung suchen. Möge es euch daran erinnern, dass die Liebe, die wir geben und empfangen, ewig ist und dass die Verbindung zu unseren Liebsten über den Tod hinaus bestehen bleibt.

Vielen Dank, dass ihr Teil dieser Reise seid und mir geholfen habt, meinen Weg zu finden.

„Sei die Person, die dein Hund in dir sieht."

(C.J. Frick)

Abschiedsbrief an Rocky

„O Rockinho é meu amore, o meu amore é o Rockinho."

Rocky, Rockinho, Rocks, Schmocks, Schmocky, Mausespatz: Das waren alles deine Namen, weil einer alleine nicht ausgereicht hat, deine wundervolle Seele zu beschreiben. Du bist mein Seelenhund, das weiß ich ganz genau. Du bist mein kleines Baby, und der unfassbare Schmerz sitzt tief, aber ich bin dankbar für den Weg, auf dem du mich begleitet hast, und ich weiß, deine Seele wird mich immer weiter begleiten. Vielleicht hattest du auch Angst, wir setzen dich wieder auf Diät vor Weihnachten oder dass ich dich fürs nächste Geburtstagsfoto nicht mehr schaffe, auf meinem Arm zu heben... aber egal weshalb du so früh gehen musstest, ich danke dir von Herzen, dass ich für einen kurzen Augenblick deine Mama sein durfte.

„Engel kommen nur für einen kurzen Moment in unser Leben, hinterlassen aber Erinnerungen für immer."

Ich wünsche dir, dass du im Hundehimmel ganz viele Freunde findest und so viele Leckerlis essen kannst, wie du willst.

Bis bald mein kleiner Mausespatz.
Te amo Rocky,
com todo o meu coração.

Deine Mama

„The prettiest flowers get picked first."

(unbekannt)

Printed in Poland
by Amazon Fulfillment
Poland Sp. z o.o., Wrocław

39655815R00072